看護系大学・短大・専門学校・准看受験

看護学校に合格する勉強法

改訂4版

新課程対応
看護師へのファーストステップ

黒 沢 賢 一

改訂4版はしがき

　新型コロナウイルスの感染拡大が収束しません。「ウィズコロナ」が叫ばれ、感染防止のための新しい生活様式の実践が求められて、私たちはマスクの着用、消毒の徹底、ソーシャルディスタンスを確保しての行動が求められ、どこか息苦しい毎日を過ごすことを強いられています。

　こうした状況でも、医療に従事するみなさんは、いつも通り、病気で苦しむ方々の治療にあたり、また新型コロナに感染した患者さんの対応に追われています。

　「もしかしたら、自分が感染してしまうかもしれない」

　「感染してしまったら、大切な家族にうつしてしまうかもしれない」

　医療の現場で働くみなさんは、まさに感染の危険と隣り合わせの中で、それぞれに与えられた責務を果たしています。感謝の言葉しかありません。

　にもかかわらず、医師や看護師の子どもたちが、学校や幼稚園、保育園に通うのを拒否されたり、心ない言葉をかけられるという話を聞かされます。もし自分が感染してしまったら、だれに面倒を見てもらうのでしょうか。その時、お世話になるのはだれでしょうか。

　看護師になり、地元の医療機関で懸命に働いているたくさんの教え子たちの姿を思い浮かべると、そんな人たちがいるという現実に寂しさと虚しさを感じます。

　私には何もできませんが、かつて教え子たちが学び、夢をかなえる出発点となった教室の片すみで、すべての医療機関で活躍する方々にエールを送り続けています。

ところで、新型コロナの流行によって、それに対応するまさに現場の第一線で働くことになる看護師になろうとする受験生は激減するかもしれないと予想していましたが、今年も教室には入試に向けて一生懸命勉強する生徒たちがいます。また10年ほど前に初版を世に送り出したこの本も、改訂を重ねて、今回新たに改訂4版を刊行することになりました。これまで全国のたくさんの看護師をめざすみなさんにお読みいただき、支持されてきたことを大変うれしく思います。

　さらに多くのみなさんの看護師になる夢をかなえる一助となれるよう、今回の改訂では、①2021年から大きく変わる大学入試の新しい制度を概説して、本文をそれに即した記述に修正し、②絶版になってしまった教材を削除して、新たに出版されたおすすめの教材を紹介し、③そのほか、本文を最新の入試データにもとづいて書き換えました。

　ただし、絶版になってしまった教材でも、それに代用できる教材がなく、アマゾンなどで比較的安価に中古本が入手できるものについては、あえて紹介しているものもありますので、ご承知おきください。

　東日本大震災、東京電力福島第一原発事故から10年となる節目の年は、新型コロナとの闘いの中で迎えることになりました。くれぐれも健康に留意され、この本を手にとってくれたみなさんが、看護師になるためのスタートラインに立つことができるよう、福島から応援しています。

　2021年1月

黒　沢　賢　一

新課程版はしがき

東日本大震災、福島第一原子力発電所事故から4年9か月が過ぎようとしています。多くのみなさんは、これだけの年月が過ぎれば、被災地は復興し、原発事故も収束しただろう。そう考えるのではないかと思いますが、被災地の復興は進まず、事故を起こした福島第一原発からは放射性物質の放出、汚染水の海洋流出が今も続いています。アンダーコントロールなどされていません。

震災と原発事故は決して過去のものではなく、原発事故当時に18歳以下だった約38万人の福島の子どもたちのうち甲状腺がんが疑われる子どもは、公表された最新のデータでは137人にもなり、そのうち104人が甲状腺がんと確定しました。これは、福島県内で地域別に見ていくと原発事故以前の20〜50倍という数字で、今後、さらに多発していくのではないかと予測されています。

福島からの医師や看護師の流出も続き、地域医療の崩壊が大きな課題になる中、地域医療の再生に少しでも貢献できればという思いから、今日も福島にある教室で看護学校をめざす受験生のための講座を開き、授業を行っています。

今年1月に開講した准看護師をめざす准看護学校講座では受講生全員が合格し、4月からスタートした正看護師をめざす看護学校講座は12月まで続くのですが、すでに受講生の半分以上が推薦入試で合格を決め、にぎやかだった教室は寂しくなりました。

講座の開講から来年で20年を迎えようとしていますが、このこと

は、看護学校合格のためのノウハウが確立した証しではないかと考えています。

　その高い合格実績を誇る私塾のノウハウをみなさんにお伝えしようとするのが本書です。今年からは新課程入試が始まり、科目名が変更されたり、出題内容も大きく変わりましたので、今回の改訂では、それに合わせて、また最近の受験生の勉強の様子などもふまえて、第2、4、5、6章を大幅に加筆修正しました。

　また、初版発行から4年、改訂版の発行から約2年が過ぎましたが、この間にも、わかりやすく、使いやすい教材がどんどん出版されました。これまで紹介してきた教材なども近年の入試傾向や受験生の学力の現状に合わせて大きく入れ替え、最新のものを紹介しています。

　本書を利用して、一人でも多くの方が、看護師になる夢をかなえられますことを祈念しています。

　2015年12月

黒　沢　賢　一

改訂版を刊行するにあたって

　事故を起こした福島第一原発から40キロの地点で「看護学校合格講座」を開いています。

　あれから2年半。

　事故はいまも収束せず、原子炉を冷やすために使われる水は高濃度の放射性物質に汚染され、原発の敷地内に溜まり続けています。その量は1日400トンにものぼります。

　水を溜めておくタンクからは、汚染された水が漏れ出て、太平洋に流出しています。1～3号機周辺の地下水も放射性物質に汚染され、1日300トンもの汚染水が、直接、海に流れ込んでいると推測されています。海洋汚染は深刻です。

　福島の子どもたちからは、甲状腺の異常が相次いで見つかっています。福島県は否定しますが、原発事故で放出されたヨウ素が甲状腺に蓄積されたのが原因と考えられます。甲状腺がんと確定した子どもは18人、がんの疑いがあると診断された子どもは25人になりました。

　中学生講座に通ってくれている子どもたちの間では、休み時間に、「検査結果はどうだった？」「オレ、異常なかった」「そっちは？」という会話が交わされ、中には、「先生、異常が見つかったので、再検査に行ってきます」と、目に涙を浮かべながら話してくる生徒もいます。

　チェルノブイリでは、事故から4～5年後に甲状腺がんが増えており、福島では、子どもも親も、不安な日々を過ごしています。

　そうした中、看護師になろうという夢を持って、講座に通ってくれる生徒たちがいます。

　今年も、ほとんどの生徒が、あこがれの看護学校に合格していきました。第一志望の看護学校合格率は95％を超えています。

　大学や短大、専門学校に加えて、准看護学校合格をめざす講座も開

いています。入試直前期のわずか7回の講座ですが、20代、30代の方だけでなく、40代、50代の方も、数十年ぶりに勉強を始め、1回の受験で見事に合格しています。

原発の警戒区域から避難し、仮設の住宅で生活しながら勉強し、合格した50歳の主婦の方もいました。

「いろいろとお世話になったみなさんに恩返しをしたいから」

それが勉強を始めた理由でした。

福島の医療の崩壊は、ますます深刻になっていますが、主宰している看護学校合格講座からは、毎年、看護師の卵たちが巣立っています。

地域医療の担い手となる方々を、これからも、一人でも多く合格させていきたいと考えています。

さて、今回の改訂では、新たに「准看護学校に合格する勉強法」を加筆しました。高校生の中には、はじめから准看護学校をめざす生徒もおり、高看をめざす生徒の中には、滑り止めとして准看護学校を受験する生徒も多いためです。

これで、看護系大学、短大、専門学校、そして准看護学校と、看護師になるためのすべての学校に合格するための勉強法を、この1冊にまとめることができました。

それぞれがめざす試験に合格するためには、どのように勉強したらよいか。ぜひ参考にしてください。

応援しています。

2013年10月

黒　沢　賢　一

初版はじめに

　東北の小さな町で、中学生、高校生、大学生や社会人を対象にした受験予備校を開いて、もうすぐ20年になろうとしています。

「あこがれの高校や大学に合格したい」

「公務員試験に合格して地域のために力を尽くしたい」

「看護学校に合格し、信頼される看護師になりたい」

　生徒たちは、それぞれの夢を心に抱いて教室にやって来ます。

　そんな一人ひとりの思いに心を寄せて、それぞれの夢をかなえるためのお手伝いをさせていただく。

　それが私の仕事であり、毎日を忙しく過ごしてきました。

　しかし今年3月、東日本大震災が発生し、長年使い続けてきた教室が被災。津波は、教室のすぐそばまでやって来ました。

　そして原発事故。

　福島第一原発から50数キロしか離れていない私の教室は、今度は放射能に汚染され、地震の後片付けもできないまま、避難生活を送ることになりました。

　もちろん、指導は休止せざるを得ず、生徒たちとも離ればなれになり、予備校はそのまま休校に追い込まれてしまいました。

　放射線の数値が落ち着いてから、ようやく新たな教室を探し始めましたが、これまで指導を続けてきた町には、地震で多くの建物が被害を受けたために、教室として使える物件がなく、やむなく少し離れたところに仮設教室を設けて、新たな一歩を踏み出しました。

　小さな教室であるため、これまで開いていたすべての講座を再開することはできません。

　どの講座から再開するか。

　考え抜いた末に、私は、看護学校合格講座の再開を決めました。

なぜなら、水も電気も止まり、食べ物さえもなかなか手に入れられない、あの震災後の混乱の中で、自分よりも他人を優先し、献身的に地震や津波でケガをされた人の治療にあたり、病気で苦しむ人たちの看護に従事し続けた看護師たちがいました。

　放射線の数値が高く、被ばくの危険があるにもかかわらず、福島を最後まで離れず、人々のために力を尽くした看護師たちの姿も目にしました。

　震災から半年以上が過ぎた今も、福島は震災前の姿を、そして日常の生活を取り戻してはいません。

　原発事故は、今なお収束しておらず、放射線は、毎日、放出され続けていて、毎日、放射線量を計測しながらの生活を送っています。

　「放射線が恐いから……」

　そう言って、医者や看護師が、どんどん福島を去っています。

　医療の現場では、医師不足、看護師不足が深刻な問題になりつつあり、地域医療は崩壊寸前にあります。

　そんな福島の現状を間近に見て、「それでも看護師になって病やケガで苦しむ人々のために尽くそう」という夢を持ち続けている受験生を、一人でも多く合格させたいと思い、この講座の再開を決めたのです。

　民間教育者として生きてきた私にできる、これが東北・福島復興のための貢献策の1つでもあります。

　本書は、看護師をめざして福島で勉強を続けている受験生はもとより、これから看護師になって活躍したいと考えている全国の受験生のみなさんに、これまでの指導経験をふまえて、看護系大学・短大・専門学校などの看護学校に合格するためにはどのような勉強をしたらよ

いか。看護学校に合格する勉強法を紹介しようと、震災後に書き下ろ
したものです。

　本書をくり返し読んで、合格するために必要な勉強法を身につけ、
見事、目標としている看護学校に合格し、1日も早く医療の現場で活
躍されることを祈念しております。

　2011年11月

　　　震災からの復興と1日も早い原発事故の収束を祈りながら

　　　　　　　　　　　　　　　　　　　黒　沢　賢　一

目　次

改訂4版はしがき……………………………………………　2

新課程版はしがき……………………………………………　4

改訂版を刊行するにあたって………………………………　6

初版はじめに（2011年11月）………………………………　8

第1章　看護師になるための看護学校ガイド

1　高校卒業後の看護師養成学校　…………………………　22

2　レギュラーコースの現状　………………………………　23

3　どの看護学校を選んだらよいか　………………………　24

第2章　看護学校入試は、こう行われる

1　看護学校の入試制度　……………………………………　28

⑴ 大学の入試制度　28

　　① 学校推薦型選抜

　　② 総合型選抜

　　③ 一般選抜

　　④ 社会人選抜

⑵ 短期大学の入試制度　34

　　① 学校推薦型選抜

　　② 総合型選抜

　　③ 一般選抜

　　④ 社会人選抜

⑶ 専門学校の入試制度　37

　　① 推薦入試

━━━━━━━━━━━━━━━━ 目　　次 ━━━━━━━━━━━━━━━━

　　② 一般入試

　　③ 社会人入試

　2　一般入試での合格を目標にしよう ………………… 39

第3章 看護学校に合格するための勉強法則

　1　受験勉強の３つのプロセス ………………………… 44
　2　教材は、何を使えばよいか ………………………… 44
　3　合格までの準備期間 ………………………………… 46
　4　短期合格のためのアウト＆イン勉強法 ………… 47
　5　勉強したことは、すぐに覚える ………………… 48
　6　知識は声に出し、書いて覚え込んでいく ……… 49
　7　忘れたら、もう一度覚え直せばいい …………… 50
　8　あいまいな知識では合格できない ……………… 51
　9　教材は、ボロボロになるまで何度もくり返す …… 52
　10　問題には書き込みをしてはいけない …………… 53
　11　３回目からは間違った問題だけを解いていく …… 54
　12　「間違いノート」をつくる………………………… 55
　13　完ぺき主義より重点主義 ………………………… 56
　14　合格するその日まで、毎日、必ず勉強する ……… 58
　15　合格するためには、何かを我慢しなければならない … 59
　☞合格の法則　チェックシート…………………………… 62

第4章 看護系大学に合格する勉強法

　1　英語の勉強法 ………………………………………… 64

❀❀　12　❀❀

目　次

⑴ 英単語・英熟語をすき間の時間に暗記する　64

⑵ 英語の基礎を身につける　66

　① おすすめの英文法教材

　② おすすめの語法・構文教材

　③ おすすめの英語参考書

⑶ 英文の読み方を身につける　68

　① 英文解釈は「精読」から始める

　② 長文を読みこなすには、「速読力」も必要になる

⑷ 問題を解きながら実戦力を身につける　70

　① 知識問題対策

　② 英作文対策

　③ リスニング対策

　④ 過去問で総仕上げをする

⑸ 英語の知識を1冊で身につけられる本もある　73

2　数学の勉強法　……………………………………………　75

⑴ 解き方の基本パターンを身につける　76

⑵ 問題練習をくり返して、実戦力を身につける　77

⑶ 数学ノートのつくり方　78

⑷ 計算力も身につけよう　79

3　国語の勉強法　……………………………………………　80

⑴ 現代文の勉強法　80

　① まずは漢字と現代文用語を覚える

　② 参考書・問題集を使って、解き方のコツを身につけていく

　③ 現代文の落とし穴

⑵ 古文の勉強法　83

　① 古文単語を覚える

13

＝＝＝＝＝＝＝＝＝＝＝＝＝＝＝＝＝ 目　　次 ＝＝＝＝＝＝＝＝＝＝＝＝＝＝＝＝

　　② 古典文法・敬語をマスターする

　　③ 古文の読解力を身につける

　⑶ 漢文の勉強法　86

　　① まずは句形を暗記する

　　② 問題の解き方を身につける

4　理科の勉強法　……………………………………… 88

　⑴ 生物の勉強法　88

　　① 科目の全体像をおさえ、重要知識を覚え込む

　　② 問題を解いて、知識が身についたかどうか確認する

　　③ 入試問題の解き方を身につける

　⑵ 化学の勉強法　90

　　① まずは化学の重要知識を覚え込む

　　② 問題を解きながら、知識を定着させていく

　　③ 入試問題の出題形式に慣れ、その解き方を身につける

　⑶ 物理の勉強法　92

　　① まずは重要ポイントを叩き込む

　　② 問題練習をくり返して、実戦力を身につける

　⑷ 地学の勉強法　93

5　社会の勉強法　……………………………………… 94

　⑴ 世界史の勉強法　95

　⑵ 日本史の勉強法　96

　⑶ 地理の勉強法　97

　⑷ 公民の勉強法　98

第5章 看護系短大・専門学校に合格する勉強法

1　英語の勉強法　……………………………………… 102

目　次

⑴ 英語の出題形式　102

⑵ 英語のおすすめ教材　103

　① 中学範囲からもう一度勉強する

　② 過去問をもとにつくられた受験教材を解く

　③ 単語・熟語を覚える

　④ 構文・語法は得点源になる

　⑤ 長文問題の攻略法

⑶ 英語の勉強の進め方　107

　① 単語・熟語は細切れの時間を使って覚える

　② 問題を解きながら知識を覚え込んでいく

　③ 構文や語法、長文の勉強も忘れない

　④ 教材はメリハリをつけて勉強する

　⑤ 最後は受験校の過去問で総仕上げをする

2　数学の勉強法　……………………………………………111

⑴ 数学の出題範囲　111

⑵ 数学のおすすめ教材　112

　① 中学範囲からもう一度勉強する

　② 過去問をもとにつくられた受験教材を解く

⑶ 数学の勉強の進め方　113

　① ノートに問題を書き写し、解き方をまとめていく

　② 問題の解き方を、どんどん覚え込んでいく

　③ 何も見ないで解けるかどうか確認する

　④ はじめから完ぺきにしようとしてはいけない

　⑤ 応用力・実戦力を身につけよう

　⑥ 受験校の過去問は、必ず解いてみる

3　国語の勉強法　……………………………………………118

⑴ 国語の出題範囲　118

15

目　次

(2) 国語のおすすめ教材　120

　　① 現代文のおすすめ教材

　　② 詩・短歌・俳句の勉強法

　　③ 古文のおすすめ教材

　　④ 漢文のおすすめ教材

　　⑤ 国語常識のおすすめ教材

(3) 国語の勉強の進め方　123

　　① 漢字は、毎日書いて覚える

　　② ことわざ、四字熟語、故事成語、文学史は、細切れの時間に覚える

　　③ 古文、漢文からマスターしよう

　　④ 現代文は、ひたすら問題練習をくり返す

　　⑤ 詩、短歌、俳句も得点源だ

　　⑥ 過去問は必ず解いておく

4　生物の勉強法 ……………………………………130

(1) 生物基礎の出題範囲と頻出テーマ　130

(2) 生物基礎のおすすめ教材　131

(3) 生物基礎の勉強の進め方　132

　　① 問題を解きながら実戦力を身につけていく

　　② はじめから完ぺきにしようとしない

　　③ 苦手な問題は「間違いノート」で克服する

　　④ 受験校の過去問で総仕上げをする

第6章 准看護学校に合格する勉強法

1　国語・数学の勉強法 ……………………………… 138

(1) 国語の勉強法　138

(2) 数学の勉強法　140

目　次

2　英語・理科・社会の勉強法　………………………… 142

3　一般常識・適性検査の勉強法　……………………… 143

　⑴ 一般常識　143

　⑵ 適性検査　144

4　看護学校・准看護学校ダブル合格法　……………… 145

第7章 看護学校の小論文・面接攻略法

1　小論文の書き方　……………………………………148

　⑴ 小論文の出題形式と頻出テーマ　148

　⑵ 小論文は「かたち」から覚える　149

　⑶ 答案用紙の正しい使い方　151

　⑷ 小論文と作文の違い　152

　⑸ 小論文のおすすめ教材　153

　⑹ とにかく書き慣れることが大切だ　154

　⑺ 小論文のチェックポイント　155

2　面接攻略法　………………………………………… 156

　⑴ 面接の形式　156

　　① 個別面接

　　② 集団面接

　　③ 集団討論

　⑵ 面接では、何が見られるのか　157

　⑶ 面接でよく聞かれること　159

　⑷ 「面接ノート」をつくろう　161

　⑸ 面接の流れ　162

　⑹ おすすめの面接対策教材　164

ーーーーーーーーーーーーーーーーーー 目　　次 ーーーーーーーーーーーーーーーーーー

第8章　プロ講師が答える看護学校受験相談室

看護学校受験のＱ＆Ａ

Ｑ１．看護学校合格に必要なことは何ですか……………………166

Ｑ２．大学、短大、専門学校の違いは何ですか………………167

Ｑ３．大学卒、短大卒、専門学校卒で、病院での待遇などに
　　　違いはありますか……………………………………168

Ｑ４．准看護学校でも看護師にはなれるのですか　…………168

Ｑ５．准看護師は廃止されるという噂を聞きましたが、
　　　本当ですか………………………………………………169

Ｑ６．１日に、何時間勉強すれば合格できますか　………………170

Ｑ７．子育てしながら、働きながらでも、合格できますか……171

Ｑ８．塾や予備校に通わなくても看護学校には合格できますか　……172

Ｑ９．看護専門学校をめざしていますが、予備校に専門学校
　　　受験のための講座がないため、大学受験講座を受講し
　　　ています。専門学校受験にも役立ちますか………………173

Ｑ10．試験倍率が気になって仕方ありません。倍率が高いと
　　　合格しにくいですか　……………………………………174

Ｑ11．看護系の短大や専門学校の一般入試の合格ラインは、
　　　どれくらいですか　………………………………………176

Ｑ12．偏差値の高い高校の出身ではありません。それでも
　　　看護学校には、合格できますか　…………………………176

Ｑ13．スランプを乗り越えるには、どうしたらいいでしょうか……177

Ｑ14．試験に合格できない人は、どんな人ですか　………………179

Ｑ15．英語の問題を解いている時に意味のわからない単語が出

目　　次

てきます。こういう場合はどうすればいいでしょうか　180

Q 16.　高校の勉強と受験勉強は、どう両立させればいいですか……182

Q 17.　私が受験する看護学校では、英語、数学、国語、理科
　　　が試験科目になっています。受験勉強をする際には、
　　　どのように時間を配分して勉強していったらいいで
　　　しょうか　………………………………………………183

Q 18.　受験勉強のコツがあったら、教えてください …………184

Q 19.　もぎテストは受験した方がいいですか ………………184

Q 20.　高校を卒業しており、アルバイトをして生活費を稼ぎながら
　　　勉強しなければなりません。それでも合格はできますか……185

Q 21.　看護学校は、何校受験すればいいでしょうか …………186

Q 22.　看護学校を複数受験する場合、過去問は、受験するすべ
　　　ての学校のものを解いた方がいいですか。受験する学校
　　　すべての過去問を解いた場合、時間が足りなくなってし
　　　まうと思うのですが、どうしたらいいでしょうか ……187

Q 23.　入試当日、いきなりわからない問題が出てきたら、パニッ
　　　ク状態になりそうです。どうしたらいいでしょうか ……188

Q 24.　面接は茶髪でも大丈夫ですか ………………………189

Q 25.　試験当日に持っていくべきものは何ですか …………190

おわりに …………………………………………………………192

黒沢流「看護学校」合格法

一、勉強、努力しなければ、合格はできない。

一、１冊のテキストをボロボロになるまでくり返す。

一、問題を解きながら、試験に出る知識と問題の解き方を身につける。

一、せっかく勉強しても、勉強したことを覚えてなければ、何も勉強しなかったことと同じだ。

一、忘れても気にしない。忘れる以上にくり返せばいい。

一、遊んでから勉強するか、勉強してから遊ぶか。同じようなことだが、その意味はまったく違う。

一、他人のせいにしない。合格できるかどうかは、自分の気持ちと努力次第だ。

看護学校に合格する勉強法

● 第1章 ●

看護師になるための看護学校ガイド

1　高校卒業後の看護師養成学校

　高校を卒業して看護師になるには、大学や短大の看護学部・看護学科、看護専門学校に進学し、そこで看護師として必要な専門知識を学んで、看護師の国家試験に合格するというのが一般的なルートです。

　このほか、准看護学校に進学して准看護師となり、その後、短大や専門学校、高校専攻科の進学コースと呼ばれる課程で学んで看護師をめざすルートがあります。准看護学校は中学卒業後に進学できますが、現在は、高校卒業生が大半を占めています。

　高校を卒業して看護師をめざすには、このように、

① 　高校卒業 → 大学（4年）
② 　高校卒業 → 短大（3年）
③ 　高校卒業 → 専門学校（3年）
④ 　高校卒業 → 准看護学校（2年）→ 進学コース（2〜3年）

　という4つのルートがあり、なかでも、①大学、②短大、③専門学校に進学して勉強する生徒が大半であるため、これが「レギュラーコース」と呼ばれています。

　④の准看護学校は、短大や専門学校をめざす生徒の「滑り止め」的な役割を果たしていて、短大、専門学校の受験に失敗してしまったために進学するという生徒。また准看護学校は、中学校で勉強した高校入試レベルの問題が出題されるために、高校では、あ

まり勉強しなかった生徒らが受験するという例が多く見受けられます。

　看護学校には、大学、短大、専門学校、准看護学校など、さまざまな種類の学校があり、看護師をめざそうとする生徒は、これらのいずれかの学校に進学して看護師に必要な知識を学び、そこで看護師の受験資格をもらい、国家試験に合格して、はじめて看護師の免許を取得することができます。

2　レギュラーコースの現状

　高校を卒業して看護師をめざす生徒のほとんどは、大学、短大、専門学校に進学します。

　現在、大学が約280校、短大が約10校、専門学校が約530校あり、全国には、合わせて800校を超える看護学校があります。

　これを入学者数で見てみると、昨年の大学入学者数は約26,000人、短大は約1,300人、専門学校は約27,000人となっています。

　15年ほど前までは、大学入学者が約13,000人、短大が約2,200人、専門学校が約23,000人となっていて、看護師をめざす生徒の多くは、専門学校に進学していました。

　しかしこの十数年の間に、大学での看護学部、看護学科の新設、短大の4年制大学への移行が相次ぎ、それにともなって、大学に進学して看護師をめざす生徒が増え、看護師養成の場は、短大、専門学校から大学へと移りつつあります。

　これは、ますます専門化、高度化しつつある医療に対応するた

め、看護師にも、より専門的な知識が求められるようになり、看護師をめざす人材は、大学で高度な専門的知識を身につけることが必要になったという時代の要請に応えるものであり、また、少子化が進み、定員割れの学部も年々多くなりつつある大学にとって、看護師という国家資格取得をめざす学生の確保は、他の学部に比べれば比較的容易であり、まさに大学の生き残りをかけた看護学部・看護学科の新設が相次いだことが背景にあります。

　大学の入学者数が専門学校の入学者数を超えてしまうという時代は、すぐそこまで来ています。

3　どの看護学校を選んだらよいか

　かつては、看護師をめざす生徒の大半が専門学校を受験していましたが、現在では、大学を受験する生徒が急増し、その数は、まもなく逆転しそうな状況です。看護師をめざせる短大も、数は少なくなりましたが、今も存在しています。

　このことは、看護師をめざす受験生の立場に立てば、看護師になるための人生の選択肢が増えたと考えることができます。

　高校を卒業したら、

　　①大学に進学して看護師をめざすか。
　　②短大に進学して看護師をめざすか。
　　③専門学校に進学して看護師をめざすか。
　　④まずは准看護師になって、それから看護師をめざすか。

第1章●看護師になるための看護学校ガイド

　これらのどの道に進んでいくべきかは、それぞれの看護学校の学校案内や募集要項を取り寄せ、各学校の教育内容やカリキュラム、卒業までにかかる費用などを比較考察して、自分に合う学校をじっくり選んでいきましょう。

看護学校に合格する勉強法

● 第2章 ●

看護学校入試は、
こう行われる

1　看護学校の入試制度

　看護学校には、大学、短大、専門学校があります。自分が受験する学校を決めたら、目標とする学校に合格するための勉強をしなければなりません。

　それぞれの学校では、どのような入試が行われているのか。

　ここでは、レギュラーコースと呼ばれ、看護師をめざす高校生のほとんどが受験する各学校の入試制度を見ていきましょう。

（1）大学の入試制度

　2021年から大学入試制度が変わります。これまでの推薦入試は「学校推薦型選抜」、ＡＯ入試は「総合型選抜」、一般入試は「一般選抜」、社会人入試は「社会人選抜」と名称が変更されます。それぞれの試験について概略を説明していきます。

① 学校推薦型選抜
　学校推薦型選抜には「指定校制推薦」と「公募制推薦」があります。国公立大学は原則として公募制推薦で、公立大学のなかには指定校制推薦を行うところもあります。私立大学は指定校制推薦と公募制推薦のどちらも併用して行う大学がほとんどです。

・指定校制推薦
　指定校制推薦は大学が指定した高校に人数を割りふって、指定

された高校から出願を受け付ける制度です。指定される高校は、過去の入学者数や入学後の学生の成績などを考慮して決められます。

この制度での出願を希望する場合、まずは自分が通っている高校はどのような大学から指定されているかを調べる必要があります。また希望する大学から指定されていても、出願できる生徒は事前に高校内で選考が行われ、それを通過しなければなりません。

高校内での選考は調査書の評定によって行われるため、高校1年から3年の1学期（前期）までの定期テストで、できるだけいい点数をとっておくことが求められます。

評定は調査書に記載された全教科・全科目の評定をすべて足し、その合計数を足し合わせた科目数で割ったもので、大学によって、例えば4.0以上、3.8以上というように出願を受け付ける評定の基準が示され、それをクリアしていても、校内で自分が希望する大学に複数の推薦希望者がいれば、その中で一番いい評定の生徒が選ばれるのが一般的です。

大学は提出された推薦書、調査書、志願理由書などの書類を審査し、多くの大学では、面接や小論文の試験を行って合格者を決めます。大学によっては学力試験を行うところもあります。また国公立大学では共通テストを課す大学もあります。

・公募制推薦

公募制推薦はそれぞれの大学が示す出願基準を満たしている生徒について、学校長の推薦にもとづいて、大学が調査書の評定や高校時代のさまざまな活動実績を書類で審査し、面接や小論文、

学力試験、実技などを行って合格者を決める制度です。

　出願資格が学業中心の「一般推薦」とスポーツや文化活動、ボランティア活動、取得資格などを選考の基準とする「特別推薦」があり、出願条件をクリアして、学校長の推薦が得られれば、大学からの指定がなくても、どの高校からでも出願できます。

② 総合型選抜

　総合型選抜は、学業の成績だけでなく、それぞれの大学が独自に定めた基準にもとづいて、生徒が自ら記述する志願理由書やエントリーシートと呼ばれる出願書類の審査と自己ＰＲ、面接や小論文、実技試験などを行い、生徒の個性や適性、表現能力、学ぶ意欲などを評価して合格者を決める制度です。

　人物重視の選抜方法で、学校長の推薦は必要なく、出願資格、基準を満たせば、だれでも出願できます。

　大学が求める学生像はアドミッション・ポリシーと呼ばれ、そこに掲げられた学生像と受験生の適性などが合致しているかどうかが評価されます。

③ 一般選抜

　一般選抜の入試制度は国公立大学と私立大学で大きく異なります。また私立大学では多様な入試方式がとられています。国公立大学、私立大学の順にそれぞれの入試制度を説明していきます。

● 国公立大学

　国公立大学の一般選抜は、まずは１月中旬に行われる「大学入学共通テスト」を受験します。その後、各大学が独自に実施する

「個別試験」（二次試験）を受験します。個別試験には「前期日程」と「後期日程」があり、公立大学のなかには「中期日程」を行うところもあります。

　共通テストでは、国語（近代以降の文章「現代文」、古典、漢文）、地歴（「世界史Ａ」「世界史Ｂ」「日本史Ａ」「日本史Ｂ」「地理Ａ」「地理Ｂ」）、公民（「現代社会」「倫理」「政治・経済」「倫理、政治・経済」）、数学（「数学Ⅰ」「数学Ⅰ・Ａ」「数学Ⅱ」「数学Ⅱ・Ｂ」「簿記・会計」「情報関係基礎」）、理科（「物理基礎」「化学基礎」「生物基礎」「地学基礎」「物理」「化学」「生物」「地学」）、外国語（「英語」「ドイツ語」「フランス語」「中国語」「韓国語」）が出題され、この中から、どの教科のどの科目を受験しなければならないかは、受験する大学の指定に従います。５教科７科目を指定している大学がほとんどですが、大学によって違いもあり、自分がめざしている大学がどの教科のどの科目を指定しているかは、早めに調べておきましょう。

　共通テストが終わると、試験実施後の翌日に各科目の正解と配点が公表されます。共通テストを受験した生徒は自己採点し、その結果をもとに各大学の予測されたボーダーラインを参考にして出願する大学を決めます。たとえ行きたいと思う大学があっても、ボーダーラインを超えてなければ合格は難しく、その場合、受験する大学を変更することも考えなくてはなりません。

　大学への出願は１月下旬から行われ、前期と後期にそれぞれ１校ずつ選んで出願できます。前期は２月末に、後期は３月中旬に試験が行われますが、共通テストの成績で「第１段階選抜」を行い、それに合格した人だけが個別試験を受験できる「２段階選抜」を実施する大学もあります。

個別試験の入試科目は大学によって異なり、同じ大学でも、前期と後期では科目が異なる場合もあります。看護系大学の場合、前期の試験科目は英語、数学、理科の学科試験と面接や小論文。後期では総合問題と小論文、面接など学科試験以外の試験が行われることが多くなっています。

　合格者は共通テストの得点と個別試験の得点の総合点で決められますが、共通テストと個別試験の配点比率は大学によって大きく異なりますので、受験生はそれぞれの大学の入試制度について、事前にしっかり把握しておく必要があります。

　また、個別試験は行わず、共通テストの得点だけで合格者を決める大学もあります。

● 私立大学

　私立大学の入試は多様化していて、さまざまな選抜の仕方があります。大きくは各大学が行う個別の試験で合格者を決める「一般選抜」（独自方式）と共通テストの成績を利用して合格者を決める「共通テスト利用選抜」（共通テスト利用方式）に分けられます。

　どの選抜方法で受験するかは、それぞれの受験生が選ぶことができます。

【一般選抜】

　共通テストを受験する必要はなく、それぞれの大学が行う試験だけを受験して合否を判定する方法です。

　試験科目は、国語、英語、数学、理科、面接、小論文などで、例えば、英語と国語が必須で、ほかに数学、理科から1科目選び、

第2章●看護学校入試は、こう行われる

全員に面接を行う。英語が必須で、国語、数学から1科目、生物基礎、化学基礎から1科目を選択するというように、大学によって、科目は大きく異なります。

【共通テスト利用選抜】
　共通テストの成績を利用して合格者を決める方法には、まずは共通テストを受験し、次に各大学が行う個別試験を受験する方法（共通テスト・独自併用方式）、共通テストだけを受験する方法（共通テスト利用方式）があります。

・共通テストと各大学が行う個別試験を受験する大学
　この方法では、まずは1月中旬に行われる共通テストを受験します。共通テストで受験しなければならない科目は3教科が一般的ですが、その組み合わせは、学校によって大きく異なります。
　その後、それぞれの大学が行う個別試験を受験します。個別試験の科目は、面接、小論文、数学、理科、英語などです。
　この方法では共通テストの得点と個別試験の得点を組み合わせて合否が判定されます。

・共通テストだけを受験する大学
　共通テストの得点だけで合格者を決める大学もあります。共通テストで受験しなければならない科目は国語、英語が必須で、これに加えて、数学、生物基礎、化学基礎から1科目を選んで受験する。英語が必須で、国語と数学から1科目、理科、地歴公民から1科目選んで受験する。英語を必須にして、国語、数学、理科から1科目を選択して受験するなどの出題パターンがあり、中に

33

は、5教科5科目という大学もあります。大学によって大きく異なりますので、しっかり調べておく必要があります。

　これまで説明してきたように、大学の一般選抜の方法は国公立大学と私立大学で違いがあり、また私立大学の選抜方法は多様化しています。試験科目も大学によって大きく異なりますが、ただ、看護系大学の全体的な出題傾向を見ると、英語はコミュニケーション英語Ⅰ、Ⅱ。数学はⅠ、A。国語は古文と漢文を除いた現代文のみ。理科は生物基礎か化学基礎という大学が多く、社会を出題科目としている大学は少数です。

　受験する年によって、試験内容が変わることもありますので、受験生は自分が目標としている大学の試験制度やその内容について、最新の情報をいち早く入手することが大切です。

④　社会人選抜
　社会人を対象にした入試を行う大学もあります。社会人選抜の試験内容は、志願理由書などの書類審査、小論文、面接という大学がほとんどですが、英語や国語などの学科試験を行う大学もあります。

（2）短期大学の入試制度

　短期大学はここ十数年、4年制大学への移行が進み、学校数、学生数が減り続けています。短大でも、学校推薦型選抜、総合型選抜、一般選抜、社会人選抜が行われています。国立の短大はなく、短大は公立が1校で、残りはすべて私立になりますが、短大

第2章●看護学校入試は、こう行われる

によっては高い学力が求められるところもあり、倍率も高く、大学入試レベルの勉強をしなければならない場合もあります。

① 学校推薦型選抜

　学校推薦型選抜には「指定校制推薦」と「公募制推薦」があります。指定校制推薦は短大が指定した高校に人数を割りふって、指定された高校から出願を受け付ける制度です。この制度で出願できる生徒は、事前に高校内で選考が行われ、それを通過しなければなりません。選考は調査書の評定によって行われるため、高校1年から3年の1学期（前期）までの定期テストで、できるだけいい点数をとっておくことが求められます。評定は調査書に記載された全教科・全科目の評定をすべて足し、その合計数を足し合わせた科目数で割ったもので、出願条件としての評定は3.0～3.5以上としている短大がほとんどです。ただし、それをクリアしていても、校内で自分が希望する短大に複数の推薦希望者がいれば、その中で一番いい評定の生徒が選ばれるのが一般的です。

　公募制推薦はそれぞれの短大が示す出願基準を満たしている生徒について、学校長の推薦にもとづいて、短大が調査書の評定や高校時代のさまざまな活動実績を書類で審査し、面接や小論文、現代文、英語、数学、理科などの学力試験などを行って合格者を決める制度です。出願条件をクリアして、学校長の推薦が得られれば、大学からの指定がなくても、どの高校からでも出願できます。

② 総合型選抜

　総合型選抜は学業の成績だけでなく、生徒が自ら記述する志願理由書やエントリーシートと呼ばれる出願書類の審査と自己ＰＲ、面接や小論文、実技試験などを行って、生徒の個性や適性、表現能力、学ぶ意欲などを評価して合格者を決める制度で、人物重視の選抜方法と言えます。学校長の推薦は必要なく、だれでも出願できます。

③ 一般選抜

　一般選抜は公立短大、私立短大の順に説明していきます。

・公立短大

　公立短大の一般選抜は、共通テストを受験し、さらに短大が実施する個別試験を受験して、共通テストの得点と個別試験の成績を組み合わせて合格者を決めます。共通テストでは、英語、国語（近代以降の文章）のほかに、数学、理科から１科目を選択し、個別試験では面接が行われます。

・私立短大

　私立短大の入試は、共通テストを受験し、さらに各短大が実施する個別試験を受験して、共通テストの得点と個別試験の成績を組み合わせて合格者を決める方法。共通テストの得点のみで合格者を決める方法。共通テストは受験せず、短大が実施する個別試験の成績だけで合格者を決める方法があります。

　出題される科目は短大によって大きく異なりますが、共通テストでは国語、英語、数学、理科、地歴公民から１〜３科目を出題

第2章●看護学校入試は、こう行われる

する短大がほとんどです。個別試験では国語、英語、数学、理科などの学科試験や小論文、面接などが出題されます。

科目をさらに細かく見ていくと、英語はコミュニケーション英語Ⅰ、Ⅱ。数学はⅠ、Ⅱ、A、B。国語は古文、漢文を除いた現代文（近代以降の文章）のみ。理科は生物基礎や化学基礎、生物、化学などです。中には、現代社会や物理基礎、物理を選択できる学校もあります。

④ 社会人選抜

社会人選抜の試験科目は、志願理由書などの書類審査、小論文、面接というところがほとんどです。

（3）専門学校の入試制度

看護師をめざす人が最も多く入学している専門学校でも、推薦入試、一般入試、社会人入試が行われています。大学や短大は学校推薦型選抜、総合型選抜、一般選抜、社会人選抜と入試の名称が変更されましたが、専門学校は2021年入試でも、これまで通りの名称が使われています。

① 推薦入試

専門学校の推薦入試は、多くの学校で11月に行われ、進学実績のある高校に専門学校から優先的に入学できる人数が割りふられ、高校内で選考が行われて、そこで選ばれた生徒だけが受験できる指定校推薦。専門学校が指定する通知表の評定の平均値（学校によって異なりますが、3.5〜4.0以上というのが一般的です）

✳✳ 37 ✳✳

を超えている生徒が出願できる公募推薦。専門学校がある地域に住んでいる生徒だけが出願できる地域指定推薦などがあります。

　推薦入試では、事前に提出する「調査書」や「自己推薦書」などの出願書類が合否判定の大きな判断材料になりますが、試験当日には、小論文や面接、集団討論が行われ、このほか、英語、数学、国語、理科などについて学科試験を行う学校もあります。英語はコミュニケーション英語Ⅰ、数学はⅠ、A、国語は現代文、理科は生物基礎を出題する学校がほとんどです。

　学校によって試験科目は大きく異なりますので、受験する学校の募集要項を取り寄せ、ホームページなどで、事前にしっかり確認することが大切です。

　推薦入試で合格できる人数は、若干名、10名程度、定員の30〜50％以内という学校が多く、これも学校によって大きく異なります。

② 一般入試

　一般入試は通知表の評定に関係なく、だれでも受験できます。11月や12月に行う学校もありますが、ほとんどの学校で1〜2月に行われます。試験当日に出題された問題を解けたか、解けなかったかで合否が決められる、まさに実力勝負の試験です。

　試験科目は、英語、数学、国語、理科の4教科。この4教科の中から、3教科、2教科、1教科を受験させ、さらに小論文や面接、集団討論、適性検査などを行う学校もあります。

　英語はコミュニケーション英語Ⅰ、Ⅱ、Ⅲ、英語表現Ⅰ、Ⅱ。数学はⅠ、Ⅱ、A、B。国語は現代文、古文、漢文。理科は生物基礎、生物、化学基礎、化学、物理基礎から、それぞれの学校が

第2章●看護学校入試は、こう行われる

出題する科目を指定します。

　学校によって試験科目は大きく異なり、科目は変更されることもありますので、まずは、自分が受験する学校では何が出題されるのか、しっかり調べてみましょう。

　一般入試では、それぞれの学校の募集定員から、すでに推薦入試で合格した人数をひいた残りの人数を合格させます。

③ 社会人入試

　社会人を対象にした特別入試を行う学校もありますが、合格者は、若干名、定員の10%程度という学校が多く、試験内容は、一般教養や小論文、面接などです。

2　一般入試での合格を目標にしよう

　受験生の中には、学校でそれなりの評定をとっているために、「大学の指定校制推薦での合格をねらっています」「指定校推薦で専門学校に行きます」などと言って、一般選抜・一般入試に向けた勉強をしない人がいます。

　しかし、たとえ指定校（制）推薦で高校内での選考が通ったとしても、大学、短大、専門学校で行われる面接や小論文などの試験で不合格とされるかもしれません。

　公募（制）推薦も、それに出願してくる受験生は、全員が、大学、短大、専門学校が指定する成績の基準を満たしている人たちであり、例えば、小論文と面接しか試験がないと言っても、優秀

39

な受験生たちによる熾烈な少数激戦の試験になります。また、たとえ同じ評定をとっていたとしても、高校によって学力レベル（いわゆる偏差値）には大きな違いがあり、大学や短大、専門学校は、もちろん、それぞれの高校のレベルを知っているため、出身高校のレベルというのも隠れた合否判定の基準になります。公募（制）推薦の基準を満たして出願できたとしても、合格できる定員を超える受験生が出願しており、全員が合格できるわけではなく、絶対に安心してはいけません。

　とりわけ、指定校（制）推薦を受験することが決まると、それだけで、まるで合格が決まったかのような気持ちになってしまう受験生を、毎年、たくさん見かけます。そして、英語、数学、現代文、理科などの学科試験の勉強をおろそかにするようになるのですが、もし不合格という結果になったら、それから一般選抜・一般入試に向けて勉強できる残りの準備期間はわずかしかなく、推薦方式の入試だけでなく、一般選抜・一般入試でも不合格という結果になりかねません。まさに負の連鎖です。

　大学、短大、専門学校のいずれでも、推薦方式の入試での合格をねらう受験生は、それに向けた小論文や面接などの準備は、例えば１日に２時間までと決め、どんなに推薦方式の入試での合格に自信がある人でも、それ以外の時間は、一般選抜・一般入試に向けた勉強をするようにしましょう。

　受験生によく話すことですが、推薦方式の入試での合格を目標にしてはいけません。一般選抜・一般入試での合格を目標にしながら、それまでの勉強の過程で、推薦方式の入試にもチャレンジしてみる、と考えるようにしましょう。

　推薦方式の入試に出願できることになり、そのための出願書類

40

を作成している間も、また推薦方式の入試当日も、試験が終わったら、一般選抜・一般入試に向けた勉強をするようにしてください。

看護学校に合格する勉強法

● 第3章 ●

看護学校に合格する
ための勉強法則

1　受験勉強の3つのプロセス

　勉強には、「インプット」「アウトプット」「フィードバック」という3つのプロセスがあります。

　インプットとは、入試によく出る知識や問題の解き方を理解し、それを暗記していくことで、こうして覚えた知識と解き方を利用して、実際に問題を解いていくのがアウトプットです。

　解けなかった問題があったら、もう一度、その問題を解くために必要な知識を覚え直し、解き方を確認して、何も参照しないで答えを出すことができるかどうかチェックしていかなければなりません。これがフィードバックです。

　勉強は、インプット、アウトプット、フィードバックという3つのプロセスをうまく組み合わせていくことが大切で、これをくり返して、試験によく出る問題を、自分の頭だけで解けるようにするのが、受験勉強の目標です。

2　教材は、何を使えばよいか

　看護学校入試に向けて、受験勉強を始める受験生から、「どの教材を使えば合格できますか」という質問を受けます。

　大学をめざすなら、大学受験のために書かれた参考書や問題集を勉強していかなければなりません。予備校などの大学受験講座

第3章●看護学校に合格するための勉強法則

を受講することも必要になるかもしれません。

　書店では、大学受験コーナーに並んでいる教材から、目標大学の受験に必要な科目の参考書や問題集を選び出して勉強しましょう。私がおすすめする教材は、第4章「看護系大学に合格する勉強法」（本書63ページ以下）で科目ごとに詳しく紹介します。

　共通テストの受験が必要になる大学も多く、まさに本格的な大学受験勉強が求められます。

　短大、専門学校をめざすなら、大学受験のために書かれた参考書や問題集を勉強する必要はありません。

　書店では、大学受験コーナーのそばに、スペースは小さくなりますが、看護医療系学校受験コーナーがあるはずです。看護師や介護士などの医療資格コーナーの一角に置いている書店もあります。

　そこには短大、専門学校受験のために書かれた専用教材が並んでいて、主なものだけでも3〜4社から「短大・専門学校受験用看護・医療系シリーズ」として出版されており、短大、専門学校を受験する場合は、こうした教材を勉強しましょう。

　おすすめの教材は、第5章「看護系短大・専門学校に合格する勉強法」（本書101ページ以下）で科目ごとに紹介していきますが、1冊ずつ手にとってみて、自分が勉強しやすいと思うもの、説明がわかりやすいものを選べば、どれでもかまいません。

　試験に出題される科目について、それぞれ1冊ずつ勉強する教材を決め、それを使って勉強を始め、もし、説明を読んでもよくわからないという部分があったら、大学受験のために書かれた教材を参考書として使用しましょう。

　大学入試では、教科書レベルから標準、応用問題まで、幅広い

45

レベルの問題が出題されますが、短大や専門学校の入試で出題されるのは、教科書の基本レベルの問題がほとんどです。

　准看護学校合格のためのおすすめの教材は、第6章「准看護学校に合格する勉強法」（本書137ページ以下）で紹介します。

3　合格までの準備期間

　大学に進学して勉強したいと思うなら、できるだけ早くから勉強を始めなければなりません。

　まずは、自分が行きたい大学のレベルを調べ、それに合格できるだけの知識を身につけるために、早ければ高校1年から、どんなに遅くても、高校2年から準備を始めなければ間に合いません。

　一方、短大や専門学校を受験する生徒の多くが真剣に勉強するようになるのは、試験半年前の高校3年の夏休み頃からです。なかには、3か月前からという人もいます。

　もちろん、高校2年になった頃から、少しずつ勉強を始める人もいますが、そうした生徒でも、ほとんどは、ただ塾や予備校に通って授業を聞いているだけというのが実態です。

　短大、専門学校受験生も、早くから勉強を始めるのが理想ですが、短大、専門学校の合格者は、短い人で3か月、多くの人は5、6か月、集中して勉強し合格しています。准看護学校でも3〜6か月は、集中して勉強する必要があります。

　個人差はあるでしょうが、大学に合格するためには、遅くても高校2年から。短大や専門学校、准看護学校に合格するためには

第3章●看護学校に合格するための勉強法則

高校３年になったら、すぐに勉強を始めるべきです。

4　短期合格のためのアウト＆イン勉強法

　では、大学受験までの２〜３年、短大、専門学校、准看護学校受験までの８か月余りという限られた期間で、合格に必要な知識は、どのように身につけていけばいいのでしょうか。

　すでに述べたように、問題が解けるようになるためには、問題を解くために必要な知識や問題の解き方を覚え込み（インプット）、覚えた知識を使って実際に問題を解き（アウトプット）、できなかった問題があったら、もう一度、問題を解くために必要な知識や解き方を覚え直す（フィードバック）ことが必要です。

　受験生の多くは、まずは参考書や要点整理集などを読み（これがインプットです）、そのあとで、勉強した範囲の問題を問題集を使って解きます（これがアウトプットです）。そして、解けない問題があったら、もう一度、参考書で調べ直して問題を解くための知識や解き方を確認し、覚え直します（これがフィードバックです）。

　どのような試験でも、このような勉強法をとるのがふつうです。

　しかし、もっと効率的な勉強法があります。

　それは、問題を解きながら（アウトプット）、問題を解くのに必要な知識と解き方を覚え込んでいく（インプット）という勉強法です。

　私はこれを「アウト＆イン勉強法」と呼んでいます。

47

この勉強法では、問題を解くことから始めます。

　しかし問題は解けるはずがありません。問題を解くために必要な知識が、まだ身についていないからです。

　はじめて目にした問題もあるでしょう。

　だから、問題を解きながら、解答解説を読み、必要ならば、参考書を使って、問題の答えを出すのに必要な知識を明らかにし、また解き方を調べていくのです。

　そして、その問題を解くのに必要な知識と解き方がわかったら、それを覚え込み、そのあとでもう一度、今度は、問題だけを見て、答えを出せるかどうかチェックしていきます。

　こうすれば、問題を解きながら、それを解くために必要な知識を同時に身につけることができます。

　「アウト＆イン勉強法」は、ムダなく効率的に、しかも短期間で合格に必要な知識をマスターできる魔法のような勉強法なのです。

　大学受験でも、短大、専門学校、准看護学校受験でも、問題を解きながら合格に必要な知識を覚え込む勉強法を実践してみてください。

5　勉強したことは、すぐに覚える

　問題を解きながら、答えを出すのに必要な知識を明らかにし、また問題の解き方がわかったら、すぐに、その知識と解き方を覚えていかなければなりません。

第3章●看護学校に合格するための勉強法則

　試験会場には、何も持ち込むことができないのですから、問題を自力で解けるようにするには、それを解くために必要な知識と解き方を暗記しておかなければなりません。

　どんなに一生懸命勉強したと言っても、勉強したことを覚えてなければ、何も勉強しなかったことと全く同じことになってしまいます。

　勉強したことは、すぐに暗記することが大切です。

　何も見ないで、自力で問題が解けるようになるまで、問題を解くのに必要な知識と問題の解き方を覚え込んでいきましょう。

6　知識は声に出し、書いて覚え込んでいく

　問題を解くために必要な知識や解き方を覚えていくためには、どうしたらいいでしょう。

　おすすめの暗記法は、覚えておくべき知識を声に出して読み、読みながら書くという方法です。

　そのために、100円ショップなどで売っている子ども向けの「らくがき帳」を用意しましょう。何も書かれていない無地の用紙が綴じられたもので、表紙には、かわいらしい動物などが書かれていたりします。

　次に、黒色、赤色、青色の筆記用具を用意します。1.0ぐらいの太字のボールペンをお薦めします。

　らくがき帳と太字のボールペンを用意したら、その日に勉強した知識を、声に出して読みながら黒色のボールペンでどんどんら

✳✳　49　✳✳

くがき帳に書き込んでいきます。

　きれいに、ていねいに書く必要はありません。あくまで、覚えるための手段として書いているので、走り書きでかまいません。

　それよりも、スピーディーにどんどん書いていきましょう。

　特に重要と思える部分には、赤や青のボールペンで線を引いたり、○で囲んだりしながら、声に出して何度も読み返します。

　数学や生物、化学などの計算問題だったら、解き方を理解した問題について、解答解説を見ないでらくがき帳に解き、問題だけを見て答えが出せるようになっているかどうかをチェックしていきます。

　もし、解けない問題があったら、それは、まだ解き方が身についていない証拠です。

　もう一度、テキストの解答解説を見ながら解き方を覚え直し、問題だけを見て、答えを出せるようになるまでくり返し解いていきましょう。

　声に出して読みながら書くというのが、最も効果的な暗記法です。

7　忘れたら、もう一度覚え直せばいい

　受験生から寄せられる悩みで最も多いのが、「いくら覚えても、覚えたことをすぐに忘れてしまう」「覚えなければならない知識がなかなか覚えられない」という相談です。

　勉強を始めればすぐにわかることですが、どんなに一生懸命覚

第3章●看護学校に合格するための勉強法則

えても、覚えた知識は、あっという間に忘れていきます。

　一度や二度勉強したぐらいで、問題を解くために必要な知識や問題の解き方をすべて覚えられるということはありません。

　では、どうしたらいいでしょうか。

　忘れる以上にくり返せばいいのです。

　受験生にいつも言う言葉ですが、100回覚えても覚えられない知識があったら101回覚え直す。

　知識を覚え込んでいくには、そんな気概が必要です。

　人は忘れる動物です。

　忘れることを恐れず、何度もくり返して知識を覚え込んでいきましょう。

　これをくり返しているうちに、知識は少しずつ身についていきます。

8　あいまいな知識では合格できない

　みなさんには、試験問題を解いていて、「やったことはある。だけど解けない」「この問題、見たことがある。でもどうやって解くんだっけ」と思わされる場面に出会った経験はないでしょうか。

　これは、せっかく勉強したのに、勉強した知識が確実に身についていない証拠です。

　試験では、たとえ100のあいまいな知識を持っていたとしても答えを出すことはできません。それよりも10の確実な知識が

あった方が点になります。

　勉強では、一つひとつの知識を正確に身につけていくことが大切です。あいまいな知識で、答えを出すことはできません。

9　教材は、ボロボロになるまで何度もくり返す

　それぞれが選んだ大学、短大、専門学校、准看護学校に合格するために必要な知識は、それぞれの科目について選び出した教材を、何度もくり返し勉強すれば、身につけることができます。

　受験生の中には、教材を何冊も買い込んで、たくさんの教材を勉強すれば合格できると思っている人も多いようですが、受験校の合否は、教材を何冊持っているかで決まるのではありません。

　1冊の教材を完ぺきにするということは、実は大変なことで、限られた準備期間内に、あれもこれもと手を広げ、何冊も勉強する時間などありません。

　短大や専門学校、准看護学校をめざすなら、それぞれの科目について1冊の教材をマスターできれば、合格ラインを超えることはできます。

　しかし、大学をめざしていて、共通テストを受験する必要があるというような場合には、1教科1冊ずつ選んだとしてもかなりの分量になり、また、レベルの高い大学をねらうなら、もちろん1教科1冊では足りず、勉強しなければならない教材は、厳選してもかなりの量になってしまいます。

　だからこそ、まずは「これ」と決めた1冊から、表紙が破れて

第3章●看護学校に合格するための勉強法則

しまうくらい、ボロボロになるまでくり返すことが大切なのです。

　受験校に合格するか、不合格になるかは、1冊の教材を何回くり返したかで決まります。

10　問題には書き込みをしてはいけない

　教材を何度もくり返し勉強していくうえで、気をつけなければならないことがあります。

　それは、くり返し解くことができるように、問題には何も書き込んではいけないということです。

　要点をまとめたページや例題の解き方を解説しているページには、何を書き込んでもかまいません。赤や青、緑のボールペン、黄色やオレンジの蛍光ペンなどを使ってポイントを色分けしたり、必要ならば付箋（ポストイット）に関連事項や補足事項を書いてどんどん貼り付けていきましょう。

　しかし問題は、一度書き込みをしてしまうと、解説集になってしまい、二度と問題集として使うことができなくなってしまいます。

　問題のページには、それを解いた日付や何回解いたかを記録する「正」の字を書いていき、間違った問題や解けなかった問題に、例えば、2回目に間違えたら赤、3回目は青、4回目は緑というように、問題番号を○で囲んだり、印を入れるようにしましょう。

　はじめて解いた時には、絶対に印をつけてはいけません。はじめて解いたのですから、解けないのが当たり前だからです。

❋❋❋　53　❋❋❋

11 3回目からは間違った問題だけを解いていく

　勉強をしているとわかることですが、人には、いくら覚えても、覚えられない知識があります。覚えたと思っても、すぐに忘れてしまう知識があります。くり返し問題を解いても解けない問題、いつも同じ間違いをしてしまう問題があります。

　人それぞれに、苦手分野があり、それを克服するために、教材は、3回目からは、間違った問題だけを解いていくようにしましょう。

　それも、1回目は、はじめて勉強するのですからできなくて当たり前です。

　できないから、できるようにするために、解答解説を読みながら、問題を解くために必要な知識や問題の解き方を明らかにし、それを理解して暗記していくのです。

　だから、1回目は間違った問題に印をつけてはいけません。1回目から印をつけていったのでは、全部の問題に印をつけることになってしまうかもしれません。

　2回目は、何も見ないで問題を解いて、勉強した知識が身についているかどうかチェックしていきます。

　この時、正しい答えを出せない問題があったら、問題に印をつけ、その問題を解くために必要な知識や問題の解き方をもう一度覚え直します。

　そして3回目からは、印のついている間違った問題だけを解いていきます。

第3章●看護学校に合格するための勉強法則

　間違った問題は、それぞれの弱点であり、その弱点を克服していくために、３回目からは、間違った問題を、重点的に解いていくのです。

　もし３回目も間違ったら、その問題に印をつけ、４回目は３回目に印をつけた問題だけを解いていくようにし、これを全問正解するまでくり返していきます。

　こうして一通り勉強を終えたら、もう一度、すべての問題を解き直して、抜け落ちた知識がないかどうか確認します。

　これが、それぞれの弱点を克服するための問題の解き方です。

　問題は、メリハリをつけて解きましょう。

12　「間違いノート」をつくる

　何度もくり返し問題を解いていくと、みなさんは、いつも同じところを間違えるということに気づくはずです。

　人は同じ間違いをします。

　同じ間違いを何回もくり返します。

　そこで、いつも間違える問題を解くために必要な知識や解き方をノートにまとめておきます。

　これを「間違いノート」と呼びます。

　ノートは、ポケットに入るぐらいの小さなノートがいいでしょう。

　それを１冊用意し、そこに３回、４回とくり返し間違える問題があったり、何度暗記しても覚えられない知識があったら、どん

55

どん書き込んでいきます。

　はじめて勉強した知識や問題の解き方を、すべて書き込んでいったら、勉強したことを、全部書き込まなければならなくなってしまうので、書き込むのは、3回、4回と続けて間違えたものだけでかまいません。

　何度もくり返し間違える知識や問題の解き方を書き込んでいけば、手元には、自分だけの弱点集ができ上がります。

　あとはそれを、学校の行き帰りや休み時間、トイレの中など、細切れの時間を見つけて読み返し、暗記していきましょう。

　これをくり返していけば、弱点は必ず克服できます。

13　完ぺき主義より重点主義

　勉強を始めると、教材に書いてあるすべての知識を理解し、丸ごと暗記してしまおうとがんばりすぎる受験生がいます。

　わからない部分が出てくると、すぐに立ち止まって考え込み、そこを何時間もかけて勉強し、さっぱり先に進んでいかないという人を見かけます。

　しかし、教材を隅から隅まで完ぺきにマスターすることなどできる話ではありません。

　完ぺきにマスターしようとしたら、途中で挫折してしまうでしょう。

　教材に書いてあることのすべてをマスターしなくても、行きたい大学、短大、専門学校、准看護学校には合格できます。

第3章●看護学校に合格するための勉強法則

　みなさんは、合格ラインを超えるだけの知識を身につければよく、受験勉強で大切なのは、教材に書いてあるすべてのことを理解しようとする「完ぺき主義」ではなく、試験に出るポイントから身につけていく「重点主義」です。

　勉強していて、あまり理解できないところがあったとしても、時には、それを後回しにし、また、試験にほとんど出題されないような細かな知識は、思い切って捨てる勇気を持つことも必要です。

　多くの教材では、試験にくり返し出題されている重要なところは、色刷りされていたり、太字で強調されています。「よく出る」「頻出」という言葉で重要ポイントが指摘され、「Aランク」「Bランク」「Cランク」というように、重要度がランクづけされているものもあります。

　勉強を始めたら、それらを参考にして、まずは重要なところからおさえていき、それをマスターできたら、細かい論点に進んでいくといいでしょう。

　最初から、教材に書かれていることのすべてをマスターしようとしたり、教材に載っているすべての問題を解けるようにしよう、などと考えてはいけません。

　とりあえずは、頻出テーマについて、例題（典型問題）を解けるようにし、それができたら、すでに学んだところを復習しながら、類題や練習問題、応用問題へと、少しずつ勉強の範囲を広げていくようにしましょう。

14　合格するその日まで、毎日、必ず勉強する

　受験勉強を始めたら、目標としている看護学校に合格するその日まで、毎日必ず勉強するようにしましょう。

　受験勉強で大切なのは、毎日、必ず勉強することで、合格するために必要な知識は、毎日の努力の積み重ねに比例して蓄積されていきます。

　一番よくないのは、勉強にムラのある人で、例えば、今日は10時間も勉強したが、次の日からは全く勉強しない。2、3日まじめに勉強したと思ったら、そのあとの4、5日は全然勉強しない。1週間、勉強のリズムを作って一生懸命勉強していたが、そのあとは、「学校の勉強が忙しい」「やる気が出ない」「疲れがとれない」などと、自分に都合のいい理由を見つけ出して、2週間も3週間も勉強しない。

　こんな人は、絶対に合格できません。

　勉強を始めたらわかることですが、勉強は、1日でも休んでしまうと、勉強のカンが鈍ってしまい、それを取り戻すのに2、3日はかかります。2、3日、間をあけてしまうと、1週間かかるかもしれません。10日も勉強しなければ、もう一度、最初から勉強し直さなければならなくなってしまいます。

　だから、受験勉強を始めたら、行きたい看護学校に合格するその日まで、毎日勉強しなければならないのです。

　どうしても時間がとれないという日があったら、また、疲れて勉強が手につかないという日でも、勉強のカンを鈍らせないため

第3章●看護学校に合格するための勉強法則

に、せめて30分だけでも、それも無理だと言うなら、5分だけ、あるいは1ページだけ、1問だけでも勉強するようにしましょう。

　ただし、体調がすぐれないという時だけは、話は別です。

　具合が悪いのに無理して勉強し、体調をさらに悪化させてしまったら、それこそ取り返しのつかないことになります。

　ましてや、病気で苦しんでいる人に健康を取り戻すために働く看護師をめざすみなさんなのですから、体調が悪い時はすぐに病院に行き、治るまで安静にしてください。

　健康は、何よりも優先させなければなりません。

15　合格するためには、何かを我慢しなければならない

　最近の受験生は、よくこう言います。

　「選んだ教材が悪いから、なかなかできるようにならない」

　「先生の説明の仕方がよくないから、全然わからない」

　なかには、「問題が悪いからできない」と言う人までいます。

　しかし、選んだ教材が悪いからできるようにならない。合格できないということは決してありません。受験生本人が、選んだ教材をしっかり勉強していないからできるようにならないのです。

　先生の話も、最初から「わかりづらい」と決めつけ、真剣に耳を傾けないから理解できないのです。

　問題が悪いなどと言っているようでは、合格する気がない人だと言わざるを得ません。

59

勉強ができるようにならない、すべての責任は、受験生自身の心の中にあります。

　私が開いている講座の受講生は、短大や専門学校であれば、ほとんどの生徒が数か月勉強しただけで希望する学校に１回の受験で合格していきます。准看護学校は、入試直前の全６回の講座で、合格率は毎年、100％です。

　小論文と面接しか出題されない大学の学校推薦型選抜、総合型選抜に向けた講座も、わずか３回の講座ですが、こちらも合格率は100％です。

　合格した受験生に共通していたことは、今、手元にある教材を信じ、それだけをくり返し勉強していたということです。

　授業は一字一句を聞き逃さないように真剣に聞き、私のアドバイスにも素直に耳を傾け、言われた通りに勉強してくれました。

　遊びたい気持ちはわかります。

　楽をして合格したいというのもわかります。

　看護学校受験生の多くは、10代の多感な時期にいるのですから、当たり前です。

　しかし、受験勉強の期間だけは、「遊びたい」「楽をしたい」という気持ちを我慢して、一生懸命努力しなければなりません。

　受験勉強の期間だけ、ちょっとだけ我慢すれば、夢をかなえられるのですから、できるはずです。

　何かを得るには、何かを我慢しなければならない。

　何かを成し遂げるためには、何かを失わなければならない。

　受験生によく話すことです。

　さまざまな事情を抱え、看護学校に通って勉強したくてもできないという人を、これまで何人も見てきました。

今、受験勉強に打ち込めることに感謝し、それぞれの心の中で
あたためている夢の実現のために、がんばってください。
　夢は、かなえるためにあるのですから。

合格の法則　チェックシート！

　次のことが守られているかどうか、勉強を始める前に、また勉強の合間に、毎日、チェックしましょう。

□問題練習中心の勉強をしていますか。
□勉強したことは、その日のうちに、すぐに暗記していますか。
□覚えておくべき知識は、声に出して読み、書きながら覚え込んでいますか。
□忘れる以上に、くり返し復習していますか。
□勉強したのに忘れてしまった知識があっても、クヨクヨしていませんか。
□覚えておくべき知識は、正確に暗記していますか。
□教材は、あちこち手を出していませんか。
□１冊の教材を何度もくり返し勉強していますか。
□教材の問題に書き込みをして、二度と問題集として使えないようにしていませんか。
□間違った問題をくり返し解いていますか。
□いつも間違える問題やすぐに忘れてしまう知識、なかなか覚えられない知識は、「間違いノート」にメモしていますか。
□最初から教材に書いてあることを、全部覚えようとしていませんか。
□試験によく出る重要ポイントから勉強していますか。
□毎日、勉強していますか。
□今、机に向かって勉強できることに感謝していますか。
□教材や先生にケチをつけたり、不平不満ばかり言っていませんか。

看護学校に合格する勉強法

第4章

看護系大学に
合格する勉強法

1 英語の勉強法

　看護系大学の入試では、英語を必須科目としているところがほとんどで、英語は看護系大学受験の最重要科目です。

　英語ができれば受験は有利になり、受験勉強を始めるなら、まずは英語から始めるようにしましょう。

　では、英語の勉強は、具体的にどのように進めたらいいでしょうか。

（1）英単語・英熟語をすき間の時間に暗記する

　英語は、単語が単独で、あるいはそれがいくつか組み合わされて文がつくられて意味をもつものであり、英語の点をのばしていくためには、まずは単語を覚えていかなければなりません。

　また、いくつかの単語が組み合わさって1つの意味をもつ熟語も頭に叩き込んでおかなければなりません。

　受験勉強を始めたら、毎日、単語、熟語を暗記しましょう。

　そのための教材として、私がおすすめするのは、『データベース』シリーズ（桐原書店）、『VITAL』シリーズ（文英堂）です。

　『データベース』シリーズでは、基本単語・熟語は『1700』に、高校1、2年レベルの単語・熟語は『3000』に、大学入試レベルの単語・熟語は『4500』に収録されています。難関大学をめざすという人は、『5500』まで勉強する必要があります。

　『VITAL』シリーズは、基本レベルの単語・熟語が『1700』に、

第4章●看護系大学に合格する勉強法

高校1、2年から大学入試レベルの単語・熟語が『3000』に、そして発展レベルの単語・熟語が『4500』に収録されています。

どちらの教材も、単語と熟語の両方が、レベル別に1冊にまとめられていて、とても便利です。

受験生の中には、基本レベルの単語の勉強をおろそかにして、入試レベルの単語・熟語から勉強を始める人がいますが、必ず、中学校で学ぶ高校入試レベルの単語・熟語、高校1、2年で学ぶ単語・熟語から勉強するようにしましょう。

大学入試問題で使われる単語・熟語のほとんどは、実は、中学校と高校1、2年で学ぶ単語であり、入試レベルの単語・熟語集を勉強する前に、中学校から高校2年頃までに勉強する単語・熟語を、もう一度、確認しておく必要があるからです。

また、単語・熟語の勉強で大切なことは、とにかく何度もくり返すことです。例えば、半年をかけて1冊をじっくり勉強するよりも、半年で2回、3回、4回、5回とくり返した方が知識は定着していきます。時間をかけて1冊を勉強するのではなく、学校への行き帰りの電車やバスの中、トイレタイム、休み時間などのすき間の時間を使って、何回もくり返し勉強しましょう。

ここでは『データベース』、『VITAL』をおすすめしましたが、みなさんが通っている学校で、これ以外の英単語、英熟語の教材が配られたならば、それを使えば十分です。買い替える必要はありません。

私が開いている塾に通っている生徒たちも、学校で配られた『ターゲット』シリーズ（旺文社）、『ユメタン』シリーズ（アルク）、『速読』シリーズ（Z会）、『システム英単語』シリーズ（駿台文庫）、『DUO』シリーズ（ICP）、『FORMULA』シリーズ（ナガセ）など

❖❖ 65 ❖❖

を使って勉強している生徒もいます。

　大切なのは、それぞれが選んだ、それぞれが持っている英単語、英熟語教材をマスターすることで、どの教材を使っているから合格しやすいなどということは決してありません。

（2）英語の基礎を身につける

　机に向かってじっくり勉強して欲しいのが、英文法、語法、構文の知識です。

　例えば語法や構文は、単語がいくつか組み合わされて1つの意味をもつ英語特有の言い回し（英語の決まり切った慣用表現）です。

　それらを見抜くことができれば、英文はすんなり訳すことができ、また、これを覚えておけば、空所補充の問題や単語を正しい順序に並べ替える整序英作文の問題もスラスラ解けるようになります。

　これとは逆に、英文に隠されている語法や構文を見抜けないと、訳す順番を間違えてとんでもない意味になってしまいます。

① おすすめの英文法教材

　これら英語の基礎となる知識を身につけるために、私がおすすめする英文法の教材は、『**英文法ハイパートレーニング**』シリーズ（桐原書店）、『**英文法レベル別問題集**』シリーズ（ナガセ）、『**全レベル問題集　英文法**』シリーズ（旺文社）です。

　例えば『ハイパートレーニング』は、超基礎編のレベル1から入試演習編のレベル3まで、『英文法レベル別問題集』は超基礎

編のレベル1から難関編のレベル6まで、『全レベル』は基礎レベル1から私大最難関・国公立大レベル5まであります。

それぞれが受験する大学のレベルに合わせて、合格に必要なレベルの教材まで勉強していきましょう。

② おすすめの語法・構文教材

語法や構文を身につけるための教材としておすすめするのは、『**セレクトプラス 英語構文76**』（文英堂）、『**英語の構文150**』（美誠社）などです。

語法や構文を覚えていくには、まずは例文を書き出し、その文の中に語法、構文がどのように使われているか、その用法を明らかにし、例文とともに頭に叩き込んでいきましょう。

英文を見ただけで、そこに使われている語法や構文が、まるでスポットライトを浴びたように、すぐに浮かび上がってくるようになるまでくり返す必要があります。

③ おすすめの英語参考書

英文法や語法、構文の勉強をしていて、疑問点が出てきたら、必ず参考書で調べるようにしましょう。私がおすすめするのは、『**総合英語Evergreen**』（いいずな書店）です。

参考書は、辞書と同じように、わからないところが出てきた時に、それを利用すればいいのですが、この参考書には、『**文法の基礎力を身につけるトレーニング**』という準拠教材もあります。

『Evergreen』に対応した文法問題集で文法の基礎をしっかり身につけることができます。『Evergreen』とこの問題集の2点セットで勉強してもいいでしょう。

（3）英文の読み方を身につける

　大学入試では、長文読解のウェイトが高くなっていて、それを読みこなせる力（これを「読解力」と言います）を身につけなければ、合格ラインは超えられません。

　単語と熟語をすき間の時間に覚え、英文法、語法、構文の知識を勉強して受験英語の基礎を固めたら、それらの知識を使って英文を読むための力を身につけていきます。

① 英文解釈は「精読」から始める

　英文の読み方を身につけるためには、まずは、長文を1文ずつ、そこに含まれている単語や熟語の意味、構文、文法の知識を理解しながら文の構造をおさえ、ていねいに訳していく勉強が必要です。これを「精読」と言います。

　そのための教材としておすすめするのが、『**英文読解入門 基本はここだ！**』『**ポレポレ英文読解プロセス50**』（代々木ライブラリー）、『**入門英文問題精講**』『**基礎英文問題精講**』（旺文社）、『**ビジュアル英文解釈**』『**英文和訳演習**』（駿台文庫）、『**英文解釈教室**』（研究社）、『**英文解釈の技術100**』（桐原書店）などです。

　精読の勉強をする時には、「全訳ノート」をつくりましょう。ノートを1冊用意し、左側のページに英文を写し、右側のページには、英文に対応させて日本語訳を書いていきます。解答解説を読みながら、あとで添削できるように、訳は2、3行あけて書くようにしましょう。

　また、左側のページの下には構文や語法、文法の知識を抜き書

きできるスペースをとり、右側のページは、ノートをたてに３分の２と３分の１のスペースに分けて、３分の２のスペースには日本語訳を、３分の１のスペースには意味のわからなかった単語や熟語の意味を書いていきます。

〈 英文全訳ノートのレイアウト 〉

左　側	右　側	
英文を写す ※コピーして切り貼りしてもかまいません	日本語訳を書きます ※あとで、添削できるよう必ず２、３行あけておきます	単語や熟語の意味はここに書きます
ここに構文や語法、文法の知識をまとめます		

　英文は、それだけを見て、すべて訳せるようになるまで。また、そこで用いられている文法や語法、構文をすべて言えるようになるまで、くり返し読んでいきましょう。

② 長文を読みこなすには、「速読力」も必要になる
　実際の入試では、全訳を書く必要はありません。
　出題された長文は、訳を書かずに１文ずつ読み込んでいき、長

文全体の大まかな意味（これを「大意」と言います）をつかむことが求められます。

限られた試験時間内で長文の意味をつかめるようにするには、英語を速く読める速読力が必要になり、それを身につけるためには、たくさんの英文を読み込んで、英文に読み慣れることが大切です。

そのための教材としておおすすめするのが、『**英語長文ハイパートレーニング**』（桐原書店）、『**英語長文レベル別問題集**』（ナガセ）、『**全レベル問題集　英語長文**』（旺文社）、『**やっておきたい英語長文**』（河合出版）などです。

これらは入門レベルから勉強できる教材ですが、共通テスト基礎レベルからの教材として、『**スピード英語長文**』（桐原書店）、『**合格へ導く英語長文 Rise 読解演習**』（Ｚ会）もあります。

これらの中から、それぞれの実力と合格したいと思う大学のレベルに合うものを選んで勉強していきましょう。

これを解きながら、新たに登場した単語や熟語、語法、構文の知識を覚え込んでいくことも大切です。

（4）問題を解きながら実戦力を身につける

単語と熟語を暗記し、英文法、語法、構文の知識を身につけ、英文の読み方を勉強したら、それらの知識が入試ではどのように出題されるのかを知り、また、それに答えを出せるようにするために、問題集を使った実戦演習が必要になります。

第4章●看護系大学に合格する勉強法

① 知識問題対策

英文法、語法、構文などの知識問題は、入試では、空所補充や整序問題の形で出題されます。

それを解けるようにするためには、実際に入試問題を解いて、覚えた知識を使って答えが出せるかどうか確認し、答えを出せない問題があったら、もう一度、答えを出すために必要な知識を整理し、それを覚え直すことが必要です。

そのためのおすすめ教材が、文法、語法、構文、熟語・イディオム、会話表現、発音・アクセントなどの問題を1冊にまとめた『**Next Stage**』（桐原書店）、『**スクランブル英文法・語法**』（旺文社）、『**UPGRADE**』（数研出版）などです。

これらの問題集では、一問一答式で、しかも実戦形式で入試問題の演習ができます。総仕上げの教材として、どれか1冊を必ず解いておきましょう。

学校の副教材として使っているものがあれば、それを勉強すればいいでしょう。

② 英作文対策

入試では、英作文も出題されますが、英作文の問題では、わざわざ難しい構文や熟語を使って立派な英文をつくる必要はありません。

出題された問題文の日本語を、自分がよく知っている単語や熟語、構文を使って、問題文とほぼ同じ意味になる英文をつくることができれば、それが、たとえシンプルな表現であっても、点がもらえます。

英作文のおすすめ教材は、『**竹岡広信の英作文が面白いほど書**

ける本』（KADOKAWA/ 中経出版）、『宮崎の今すぐ書ける英作文』
（ナガセ）、『英作文のトレーニング』（Ｚ会）などから勉強しやす
いものを 1 冊選んで、勉強すれば十分です。

③ リスニング対策

　リスニング力とは、英語を正確に聴き取れる力です。この力を
身につけられれば、速読にも、英作文にも応用できます。

　受験生の多くは、「リスニングの勉強をする時間がない」とこ
ぼしますが、リスニングは、英単語や熟語と同じように、時と場
所を選ばず、いつでも、どこでも勉強できます。聴きながら歩き、
電車に乗り、食事をすることができるからです。

　リスニング力を身につけるためにおすすめするのは、これまで
紹介してきた、例えば、『英語長文ハイパートレーニング』や『英
語長文レベル別問題集』などに付録としてついているリスニング
CD を聴くことです。1 枚の CD を何十回、何百回と聴いて、リ
スニングで聴いた英文の音読をくり返してください。

　そのあとで過去問を解き、あまり点がとれないようなら、『マー
ク式基礎問題集 英語［リスニング］』（河合出版）を解いてみ
ましょう。

④ 過去問で総仕上げをする

　ある程度勉強が進んだら、自分が受験する大学の入試科目に合
わせて、2020 年まで実施されていたセンター試験や共通テスト、
それぞれの大学の「過去問」（過去に実際に出題された入試問題）
を解きましょう。

　出版されている『過去問集』の多くは、教科ごとに 1 年分ずつ

掲載されていますが、一度に1年分の全問を解く必要はありません。

　例えば、長文問題を1問解いたら答え合わせをし、間違った問題や問題を解いていて、あいまいなところがあったら解説を読み、必要ならば、『Evergreen』などの参考書で関連知識を調べて疑問点を解消し、間違った問題の答えを確認しながら少しずつ進んでいくようにしましょう。

　過去問を解きながら、すでに勉強した知識が身についているかどうかチェックし、同時に、入試問題の解き方を身につけていくのです。

　受験生の中には、新しい教材に入ると、すでに勉強した教材の復習をしなくなってしまう人もいますが、すでに勉強した教材の復習も忘れてはいけません。すでに勉強を終えた教材の復習と過去問演習とをバランスよく進めることが大切です。特に点がとれなかった分野については、重点的にそれまで勉強してきた教材を復習しましょう。

（5）英語の知識を1冊で身につけられる本もある

　英語の勉強と言えば、ここで紹介してきたように、英単語、英熟語を覚え、英文法、語法、構文を勉強し、英文読解の仕方を身につけ、さらには英作文やリスニングを、それぞれ別の教材で勉強していくというのが一般的です。

　しかしこれら細分化された教材の知識を、1冊で身につけられる教材があります。それが『**ALL IN ONE**』（Linkage Club）です。

　この本は、その名の通り、頻出英単語2600、頻出英熟語・構

文 1100 をはじめ、英文法や語法、英文読解のポイントが、20
〜 30 語からなる 419 の例文にすべて盛り込まれており、この
1 冊を勉強すれば、ほかに単語集、熟語集、英文法や語法、構文、
英文解釈の本を勉強しなくても、共通テストはもとより、難関大
学の入試に出題される知識まで身につけることができます。

　しかも、付録の CD を使って例文の音声を聞き、それに合わせ
て音読をくり返せば、リスニング対策もできます。

　私が開いている塾では、夏休み、冬休み、春休みに 3 日間の英
語集中特訓を行うのですが、高校 2 年の冬からは、この本をテキ
ストにして自学自習してもらい、入試直前まで何度もくり返し勉
強させています。

　ほかの受験生が、英単語集、英熟語集、構文や語法のテキスト、
英文法や英文解釈の解説書、英作文やリスニングの教材を、それ
らを合わせれば何十冊も勉強している中で、これ 1 冊だけを勉強
するというのでは、不安に思うかもしれませんが、それなら、そ
れらと並行して、例えば週末などに集中的に勉強してみてはどう
でしょう。

　このテキストを使う場合でも、これを勉強したあとで、入試レ
ベルの問題を解き、受験する大学の過去問を解くことは忘れない
でください。

2 数学の勉強法

　数学は、暗記科目です。数学には、それぞれの問題に解き方の
パターンがあり、問題が解けるようになるには、事前に、その解
き方のパターンを覚えておかなければなりません。

　1問ずつ解き方のパターンを明らかにし、それを覚え込んでい
き、問題を見たら、頭の中にストックしてある、どの解き方のパ
ターンで解く問題なのかがわかり、それをあてはめて解いて、答
えを出せるようになるまで問題練習をくり返していく。それが数
学の勉強です。

　もちろん、丸暗記ではいけません。なぜそうなるのか、という
ことを考えながら、答えが出るまでの流れを理解し、覚え込んで
いくことが大切です。

　問題のレベルは、解き方のパターンをいくつ使って答えを出せ
るかによって決まり、①1つの解き方のパターンで答えを出せる
のが基本問題。②2つ、3つ組み合わせて使って、はじめて答え
が出るのが標準問題。③複数の解き方のパターンが複雑に組み合
わされていて、しかもどのパターンで解いたらよいのかがわかり
づらくなっているのが応用・発展問題です。

　数学の問題は、すべて、基本的な解き方のパターンの組み合わ
せによってつくられており、数学の勉強では、まずは、これらの
解き方のパターンを覚え込み、あとは、それがいくつか組み合わ
された問題を解いて、問題の中に隠されている解き方のパターン
を見つけられるようになるまで問題に解き慣れ、それを見破れる

実戦力・応用力を身につけていけば、どんな問題にも、必ず答え
を出せるようになります。

　では、数学は、どのように勉強すればいいでしょうか。

（1）解き方の基本パターンを身につける

　数学の問題を解くために必要になる解き方のパターンを身につ
けるのに、私がおすすめする教材は、『**初めから始める数学**』シ
リーズ（マセマ）です。

　この本では、教科書レベルの基本事項が、初めて数学を勉強す
る人はもちろん、どんなに数学が苦手だという人にも、わかりや
すく解説されています。

　この本にとり上げられている問題が、受験生がまず頭に叩き込
んでおくべき基本的な解き方のパターンです。問題数は少なめで
すので、もっと問題練習をしたいという人は、準拠問題集である
『**初めから解ける数学問題集**』シリーズ（マセマ）も解いてみる
といいでしょう。

　この本をマスターしたら、『**元気が出る数学**』シリーズ（マセマ）
に進みます。まずは、この本の例題の解き方を覚え込み、解説を
見ないで例題が解けるようになったら、自力で類題を解いてみま
す。問題練習を増やしたいという方は、さらに準拠問題集である
『**元気に伸びる数学問題集**』（マセマ）を解いてみます。これを何
度もくり返しながら、解き方のパターンを1つずつ身につけてい
きます。

　これらのシリーズの中から、Ⅰ、Ⅱ、Ⅲ、Ａ、Ｂなど、それぞ
れが受験する大学の試験科目に合わせて、必要なものを選んで勉

第4章●看護系大学に合格する勉強法

強すれば、共通テストはもとより、ほとんどの大学の入試問題に対応できます。

（2）問題練習をくり返して、実戦力を身につける

　数学の問題を解くのに必要になる基本的な解き方のパターンを身につけたら、さらに問題練習をくり返して、実戦力を身につけていくことが必要になります。

　どんなに解き方のパターンを覚えても、入試では、それと同じ問題が、そのまま出題されることはほとんどありません。多くの場合、数字や文字を変えて、あるいは聞き方を変えて出題されます。

　大切なのは、問題を見て、どの解き方のパターンを使って答えを出せる問題なのかを見抜けるようになることであり、そうした力は、問題練習をくり返して身につけていくしかありません。

　そのための教材としておすすめするのが、**『合格！数学』『合格！数学実力ＵＰ！問題集』**シリーズ（マセマ）。共通テスト対策なら**『快速！解答共通テスト数学』**シリーズや**『トライアル模試共通テスト数学』**シリーズ（マセマ）。難関大学をめざすなら、**『難関大理系数学』**シリーズ（マセマ）です。これらの中から、それぞれの実力と合格したいと思う大学の入試問題のレベルに合うものを選んで勉強していきましょう。

　そして受験生が必ず解いておかなければならないのが、**『過去問』**です。自分が受験する大学の試験科目に合わせて、2020年まで実施されていたセンター試験や共通テスト、大学の過去問を実際に解いていき、苦手な分野が見つかったら、それまでに勉強

した教材をもう一度解き直しておきましょう。

（3）数学ノートのつくり方

　どの教材を使っても、数学の勉強をする時には、ノートに解き方のパターンをまとめていくようにしましょう。

　専用のノートを1冊用意し、ノートの左側に問題を写し、右側には、その問題の解き方をまとめていきます。解き方をまとめていく時には、なぜ、そうなるのかということを考えることが大切です。

〈数学ノートのレイアウト〉

左　側	右　側	
ここに問題を写します　　　　　　　　　　　　※コピーして切り貼りしてもかまいません	解説を読みながら解き方をまとめていきます	答えを出すのに使う公式や解き方のコツを書き出します

左に問題を書き、その解き方は右側に対応させて書く。

　1問解くごとに解き方のパターンが明らかになり、また、ストックされていきます。

そして、ノートをまとめたら、答えを出すまでのプロセスを覚え込み、勉強した日の夜や翌日以降に、今度は、問題だけを見て、答えが出せるようになっているかどうかチェックしていきましょう。

　もし、答えを出せなかったら、それは勉強したことが身についていない証拠です。もう一度、ノートを見て、解き方を覚え直し、すべての問題について、問題だけを見て答えが出せるようになるまで、何度もくり返しましょう。

（4）計算力も身につけよう

　問題の解き方のパターンを覚え込んでいくのと同時に、みなさんにして欲しいことがあります。

　それは、計算力を身につけるための訓練です。

　英語の勉強をする時には、英文法や語法、構文の知識の勉強をするのと同時に、単語や熟語の暗記をします。

　それと同じように、数学の勉強をする時には、計算力を身につけるための勉強も大切です。

　そのための教材としておすすめするのが、『**大学受験 合格る計算**』（文英堂）、『**ドラゴン桜式 数学力ドリル**』（講談社）などです。

　これらの中から、使いやすいと思う教材を選んで、例えば、「毎日、〇ページ解く」とか、「毎日、20分は計算練習する」というように決めて、勉強するようにしましょう。

　難問が解けるようになるためには、まずは基本的な計算問題が解けるようになっていることが前提となり、計算問題をくり返すことで、数学的センスも磨かれていきます。

3 国語の勉強法

　看護系の大学では、古文や漢文を除いて、現代文だけを出題する学校が多くなっています。

　まずは、自分が受験する大学の入試科目を調べて、出題範囲を確認することが大切です。

　多くの大学で試験科目とされている現代文の勉強の仕方から紹介していきましょう。

（1）現代文の勉強法

　「どんなに勉強しても、点数がなかなかのびていかない」

　そう悩んでいる受験生が多いのが現代文です。

　入試で出題される科目でありながら、勉強するのをやめてしまう受験生さえ見かけることがありますが、現代文も、勉強すれば点がとれる科目です。

　では、どのように勉強していけば、いいのでしょうか。

① まずは漢字と現代文用語を覚える

　現代文を読むには、そこに用いられる漢字が読めなければなりません。漢字が読めて、その意味がわからなければ、どんなに文章を読み解くコツを身につけても、文章の意味を正しく理解できず、誤解が生じてしまう恐れがあります。

　正確な読解力を身につけるためには、漢字や語句の勉強をおろ

第4章●看護系大学に合格する勉強法

そかにしてはいけないのです。

　また、入試に出題される現代文には、特に評論文などでは、事前に勉強しておかなければ意味もよくわからない抽象的で、しかも難解な用語（キーワード）が登場します。この、現代文を読み解くために知っておくべき用語についても勉強しておく必要があります。

　そのためにおすすめするのが、『**受かる漢字・用語パピルス1467**』（学研プラス）です。この本には、漢字と用語の両方が載っていて、入試に出題されると思われるものは、この1冊にほとんど網羅されています。

　まずはこれを使って、実際に問題を解く時に必要になる語彙力を蓄積していきましょう。

　もし学校で配られ、使っている漢字・用語集があれば、それを使えば十分です。定期テストなどでは、その漢字・用語集から問題を出題する高校も多くありますので、それに合わせて勉強するようにして、いま手元にある教材を完ぺきにするようにしましょう。

② 参考書・問題集を使って、解き方のコツを身につけていく

　漢字と用語の勉強を毎日続けながら、読解力を身につけるための勉強を始めましょう。

　しかし現代文については、受験教材の評価が人によってさまざまで、それぞれの受験生に最適な教材は、自分で探し出していくしかありません。

　それも、現代文の解説の仕方は、人によって大きく違っていて、同じ問題を解説するにも、それを解説する人によって、着眼点が

81

異なり、答えを導き出すまでの説明が全く違います。

　現代文の教材の評価が分かれるのは、ある人にとってはわかりやすい解説でも、別の人にとってはわかりづらく、このように、現代文の教材選びで大切なのは、みなさんと教材、実際には、それを書いている著者との相性であり、読んでいて、そこに書いてあることがスッキリ理解できるものを見つけていかなければなりません。

　おすすめの教材は、『**出口の現代文レベル別問題集**』（ナガセ）、『**出口のシステム現代文**』（水王舎）、『**入試現代文へのアクセス**』（河合出版）、『**全レベル問題集　現代文**』（旺文社）、『**現代文のトレーニング**』（Ｚ会）などです。

　どの教材を使う場合でも、必ずそれぞれの入門編、基礎編から勉強するようにし、どのレベルまで勉強するかは、それぞれが合格したいと思う大学の入試問題のレベルに合わせて決めましょう。

　もし勉強していて、「わかりづらい」「自分には合わない」と思ったら、すぐに別の教材に変えましょう。書店での読み比べで「この本がいい」と思っても、実際に勉強を始めてみたら、「いまいちだった」ということもあるかもしれません。

　これらの教材を勉強したら、自分が受験する大学の試験科目に合わせて、2020 年まで実施されていたセンター試験や共通テスト、受験する大学の『**過去問**』を解いて、実戦力を身につけていきます。

　教材は、どの教材でも、くり返し勉強しなければ知識は身についていかないということは、現代文も他の科目と全く同じです。

第4章●看護系大学に合格する勉強法

③ 現代文の落とし穴

　現代文の問題を解く時に、注意して欲しいことがあります。それは、現代文の答えは、必ず、本文中にあるということです。

　現代文の問題文には、小説でも、論説文、評論文でも、「次の文章を読んで、あとの問いに答えよ」とあります。

　このことは、答えは、与えられた文章の中にあるということを教えてくれていて、また、与えられた文章の中から答えを探し出さなければならないということを意味しています。

　ところが受験生の中には、それぞれの考えや意見（これを「主観」と言います）、すでにそれぞれの心の中に形づくられている考え方である先入観をふまえて文章を読んで答えてしまう人がいます。

　文章を書いた人の考えや意見と違う答えは、当然、誤りとなり、現代文の問題に対する答えは、文章に書かれていることが、たとえ自分では納得できないことに思えても、自分の考えとは違っていても、与えられた文章の内容にそって、それを書いた人の意見や考えにもとづいて見つけ出さなければなりません。

　現代文の答えは、必ず、与えられた文章の中にあって、みなさんの心の中にあるのではなく、問題文の中から、正確に答えを探し出すコツを身につけるようにしましょう。

（2）古文の勉強法

　国語の勉強と言えば、現代文の勉強から始める受験生がほとんどですが、受験する大学の試験科目に古文、漢文があるなら、現代文ではなく、古文、漢文から勉強してみましょう。

✳✳✳　83　✳✳

古文、漢文は、勉強しただけ確実に点がとれるようになる科目であり、現代文より短期間で得点源に変えることができるからです。

　では、古文はどのように勉強したらいいでしょうか。

① **古文単語を覚える**

　古文の勉強で、まずしなければならないのは、古文単語の暗記です。英単語や熟語を覚えるのと同じように、学校への行き帰りやトイレタイム、休み時間など、すきまの時間を使って覚えていきましょう。

　その教材としておすすめするのが、『**マドンナ古文単語230**』（学研プラス）、『**古文単語ゴロゴ**』（スタディカンパニー）、『**土屋の古文単語222**』（タイレル出版）などです。もし学校の副教材として使っている古文単語集があるなら、わざわざ買う必要はありません。それを勉強しましょう。

　大学入試によく出る古文単語を身につけるには、どれでも古文単語集1冊を覚えれば十分です。自分が選んだ1冊を、ボロボロになるまでくり返しましょう。

② **古典文法・敬語をマスターする**

　古文が読めるようになるのに必要なのが、古典文法の知識です。動詞、形容詞、形容動詞の活用。助動詞の接続や活用、意味といった基本文法を理解し、それらを覚えておく必要があります。

　そのための教材としておすすめするのが、『**吉野式古典文法スーパー暗記帖**』（学研プラス）です。例文を何度も音読しながら覚え込んでいきましょう。

第４章●看護系大学に合格する勉強法

　また古文の読解力をさらにアップさせるために『**吉野式スーパー古文敬語**』（学研プラス）も勉強しておきましょう。古文ではよく主語が省略されますが、省略された主語を明らかにしていくのに敬語の知識は役立ちます。

　この２冊の本は、早くから持ち歩き、何度もくり返し勉強しておきましょう。

③ 古文の読解力を身につける
　古文単語を覚え、古典文法、敬語の知識をある程度身につけたら、それを反復しながら、古文を読むことに慣れ、また、読解テクニックを身につけるための勉強を始めましょう。

　そのための教材としておすすめするのが、『**マドンナ古文**』（学研プラス）です。すでに覚えた古文単語や文法、敬語の知識を思い起こしながら、実際に古文を読んでいく場合に、それをどうあてはめていけばいいのか。じっくり読んで、古文を読み解いていくためのテクニックを身につけていきましょう。

　『マドンナ古文』の勉強を終えたら、今度は、問題の解き方を身につけるための問題練習をくり返していきます。おすすめするのは、『**古文完全攻略　マドンナ入試解法**』（学研プラス）です。

　受験生の中には、「マドンナは合わない」という人もいます。そんなときは、『**共通テスト古文　満点のコツ**』（教学社）を勉強してみましょう。とり上げているのは、たった５問ですが、それをくり返し解けば、入試に出題される古文の読解に必要なテクニックのほとんどを身につけることができます。巻末には重要古文単語や文学史年表もありますので、それらもどんどん活用しましょう。

❈❈❈　**85**　❈❈❈

これらの勉強を終えたら、それぞれが受験する大学の試験科目に合わせて、2020年まで実施されていたセンター試験や共通テスト、それぞれが受験する大学の『**過去問**』を解きましょう。

　受験する大学のレベルに合わせて、『**きめる！共通テスト古文・漢文**』(学研プラス)、『**古文上達　読解と演習**』(Ｚ会)、『**極める古文**』(スタディカンパニー) などを解いてみてもいいでしょう。

（3）漢文の勉強法

　古文以上に点がとりやすいのが漢文です。

　漢文で出題されるのは、基本的な問題ばかりで、基本をおさえてしまえば、満点をとることも決して無理な話ではありません。

　「時間がないから漢文は捨ててしまう」「漢文まで手が回らない」という受験生をたくさん見かけますが、漢文ほど確実に点がとれる科目はなく、１〜２か月あれば、だれでも得意科目にすることができます。

① まずは句形を暗記する

　漢文は、入試の出題パターンが決まっていて、覚えておくべきこともそんなに多くありません。

　漢文の問題を解けるようにするためには、まずは、レ点や上下点といった返り点、再読文字や反語など、漢文を読んでいくのに必要となる句形を覚えていくことが大切です。

　そのためにおすすめする教材が、『**三羽邦美の漢文教室**』(旺文社)、『**新・漢文の基本ノート**』(日栄社) などです。

　どちらも、コンパクトに、入試問題を解くのに必要な句形がま

第4章●看護系大学に合格する勉強法

とめられていますので、選び出した1冊を、ボロボロになるまでくり返しましょう。学校で同じような教材が配られているなら、それを使えばいいでしょう。

　勉強の仕方は、まずは例文を声に出して読み、それを暗記するまでくり返し、そこで用いられている句形を理解し、意味を確認していきます。

　漢文の勉強では、漢文を書き下し文にして読めるようになり、次にその意味がわかり、内容を理解できるようにしなければなりません。

② 問題の解き方を身につける

　句形を覚えたら、問題を解く際に、それをどうあてはめていくのか、問題を解くコツを身につけていかなければなりません。

　そのためにおすすめするのが、『**漢文ヤマのヤマ**』（学研プラス）です。この本は、広げると、右側のページに句形などのポイント解説、左側のページには問題があります。

　すでに、『漢文教室』『基本ノート』などを使って基本句形を覚え込んだみなさんは、まずは右側のページを読んで句形を再確認します。はじめて見る句形などが出てきたら、ここで覚えましょう。

　次に左側のページにある問題を解き、答え合わせをする時には、単に、答えが合っていた、間違っていたということだけでなく、解説をしっかり読んで、1つでも多くの知識を吸収していきましょう。

　『ヤマのヤマ』が終わったら、『**大学入学共通テスト飯塚敏夫漢文講義の実況中継**』（語学春秋社）、『**漢文早覚え速答法**』（学研プ

ラス）や 2020 年まで実施されていたセンター試験、共通テスト、受験する大学の『**過去問**』を解きましょう。

4　理科の勉強法

　看護系大学の理科は、生物と化学を試験科目としているところがほとんどですが、中には、物理、地学を選択できる大学もあります。

　それぞれの科目の勉強のポイントは、生物は、用語を理解・暗記し、図表が書けて、実験の意味を知り、それらを説明できるようにする。化学は、用語や定義、周期表、化学式、化学反応式、さまざまな法則を理解・暗記し、それが説明でき、また公式を使って計算できるようにする。物理は、用語や法則を覚えるのはもちろん、単位の換算や公式を使った計算をできるようにする。地学は用語や図表を理解・暗記し、それが説明でき、また計算問題を解けるようにすることです。

　どの科目も、まずは科目の全体像をおさえ、重要用語や語句を理解し、それを暗記しながら、覚えた知識を使って、実際に問題を解けるようにするための問題練習をくり返し、最後に、過去問を解いて総仕上げをするという流れで勉強していきましょう。

（1）生物の勉強法

① 科目の全体像をおさえ、重要知識を覚え込む

第4章●看護系大学に合格する勉強法

　生物の勉強は、教科書を通読しながら、**『必修整理ノート　生物基礎』**（文英堂）や**『書き込みサブノート生物基礎』**（旺文社）を使って知識を整理し、それを覚え込んでいきます。生物基礎のほかに、生物も出題されるなら、**『必修整理ノート　生物』**（文英堂）も勉強しなければなりません。

　『ノート』は一度書き込んでしまうと、暗記用としては使えなくなります。また教科書を読みながら書き込んだだけでは、そこに書かれている知識をすべて覚えることなどできません。

　穴埋めをした『ノート』は、何度もくり返し読み返し、できれば、同じ教材をもう1冊用意し、そちらには何も書き込まず、暗記用として使いましょう。書き込みをする前に、その日勉強する範囲をコピーしておき、それを暗記用にしてもいいでしょう。

② 問題を解いて、知識が身についたかどうか確認する

　教科書を読みながら、『ノート』を埋めていき、それを暗記用の教材を使ってくり返し覚え込んでいったら、問題集を使って、ポイントが覚えられたかどうかチェックし、基本的な問題の解き方を身につけていきます。

　そのためのおすすめ教材が、**『シグマ基本問題集　生物基礎』『シグマ基本問題集　生物』**（文英堂）、**『らくらくマスター　生物基礎・生物』**（河合出版）などです。

　勉強していて、あいまいなところや知識が身についていないところがあれば、すぐに教科書と書き込みをした『ノート』に戻って知識を再確認し、ポイントを覚え直しましょう。

③ <u>入試問題の解き方を身につける</u>

❖❖❖　**89**　❖❖❖

『シグマ基本問題集』や『らくらくマスター』を勉強したら、それを復習しながら、入試レベルの問題集を使って実戦的な問題練習をくり返し、入試問題の解き方のコツを身につけていきます。

共通テストを受験するなら、2020年まで実施されていたセンター試験の『過去問』や『マーク式基礎問題集』『共通テスト総合問題集』（河合出版）をくり返します。

センター試験のほかにも、入試科目に生物基礎、生物があるという人は、さらに『生物［生物基礎・生物］基礎問題精講』や『生物［生物基礎・生物］標準問題精講』（旺文社）を解き、これを勉強したら、あるいはそれと同時に、受験する大学の『過去問』を解いて入試問題に慣れ、実戦力を身につけていくことが必要です。

（2）化学の勉強法

① まずは化学の重要知識を覚え込む

化学の勉強は、まず『化学基礎の必修整理ノート』（文英堂）を使って、用語や化学式などの重要知識を覚え込んでいきます。化学が試験に出題されるなら『化学の必修整理ノート』（文英堂）も勉強します。

穴埋めをしながら、重要知識を理解し、それを覚え込んでいきますが、わからないところがあったら、『理解しやすい化学基礎』『理解しやすい化学』（文英堂）などの参考書を使って調べていきましょう。参考書は辞書のように使いますので、必要な部分だけを読んでいけば十分です。

『ノート』は一度書き込んでしまうと、暗記用としては使えな

第4章●看護系大学に合格する勉強法

くなります。また一度書き込んだだけで、そこに書かれている知識をすべて覚えることなどできません。

穴埋めをした『ノート』は、何度もくり返し読み返し、書き込みをする前に、その日勉強する範囲をコピーしておいて、それを暗記用としたり、同じ教材をもう1冊用意して、そちらには何も書き込まず、暗記用として使いましょう。

② 問題を解きながら、知識を定着させていく

『ノート』の勉強を終えたら、あるいは、『ノート』の勉強と並行して進める場合は、『ノート』で勉強した範囲について、覚えた知識が試験ではどのように出題されるのか、基本的な問題を解いて、出題のパターンを知り、問題の解き方を身につけていきます。

そのための教材としておすすめするのは、『**シグマ基本問題集 化学基礎**』『**シグマ基本問題集 化学**』（文英堂）です。

問題を解いていて、あいまいなところや知識が身についていないところがあれば、すぐに書き込みをした『ノート』に戻って知識を再確認し、疑問点は参考書で調べ、ポイントを覚え直しましょう。

『**シグマ基本問題集**』の勉強を終えたら、『**化学レベル別問題集**』（ナガセ）、『**らくらくマスター 化学基礎・化学**』（河合出版）、『**チョイス新標準問題集 化学基礎・化学**』（河合出版）、『**化学 [化学基礎・化学] 基礎問題精講**』（旺文社）などに進みましょう。

どの問題集を選んでも、選んだ問題集がボロボロになるまでくり返し勉強し、その内容を完ぺきにマスターしていきましょう。あれもこれもと手を広げる必要はありません。選んだ問題集を何

度もくり返すことが大切です。

③ 入試問題の出題形式に慣れ、その解き方を身につける

　これまで紹介してきた教材の勉強を終えたら、2020年まで実施されていたセンター試験や共通テスト、受験する大学の『**過去問**』を解いて、入試問題の形式に慣れ、その解き方を身につけていきます。

　できない問題や苦手意識がある問題があったら、それまでに勉強してきた教材に戻って復習しましょう。

　また過去問の勉強を始めると、それまで勉強してきた教材の復習をやめてしまったり、おろそかにする受験生を見かけますが、過去問を解くのと同時に、くり返し勉強してきた教材の復習をすることも忘れてはいけません。

　さらに問題練習をしたいという人は、『**マーク式基礎問題集**』『**共通テスト総合問題集**』（河合出版）などを解いてみるといいでしょう。

（3）物理の勉強法

① まずは重要ポイントを叩き込む

　物理の問題を解くには、定理や公式、それを使った解き方のパターンを覚えておかなければなりません。

　それを身につけるためにおすすめするのが、『**物理講義の実況中継 物理基礎＋物理**』（語学春秋社）、『**橋元の物理基礎をはじめからていねいに**』（ナガセ）、『**漆原晃の物理基礎・物理が面白いほどわかる本**』（KADOKAWA/ 中経出版）などです。

第4章●看護系大学に合格する勉強法

　まずは、これらの本の中から、わかりやすいと思うものを選んで、それを何度もくり返し読み、定理や公式は、単にそれを覚えるだけでなく、問題を解きながら、その使い方をマスターしていきましょう。

②　問題練習をくり返して、実戦力を身につける

　『実況中継』『橋元物理』『漆原物理』で基礎を固めたら、さらに多くの問題の解き方のパターンを身につけるための演習に入ります。

　そのための教材としておすすめするのが、**『物理のエッセンス』**　**『らくらくマスター 物理基礎・物理』**（河合出版）などです。これらの教材を使って問題練習をくり返します。1回や2回くり返しただけでは、できるようにはなりません。選んだ教材は、10回はくり返し勉強しましょう。

　これを勉強したあとで、さらに応用力を身につけていきたいと思うなら、**『秘伝の物理』**（学研プラス）や**『良問の風』『名問の森』**（河合出版）を勉強します。

　共通テストだけで物理が必要という人なら、**『マーク式基礎問題集』『共通テスト総合問題集』**（河合出版）などを勉強しましょう。

　最後は、2020年まで実施されていたセンター試験や共通テスト、受験する大学の**『過去問』**を解いて、総仕上げをすることが必要です。

（4）地学の勉強法

　看護系大学で地学を選択できる学校は少数です。看護師をめざ

93

す受験生で、地学を選択する人はほとんどいませんが、自分が行きたい大学の試験科目に地学があり、地学に興味、関心があるというなら、地学で受験してもいいでしょう。

　地学を選択するなら、まずは、『**地学基礎 書き込みサブノート**』（旺文社）か『**地学基礎の必修整理ノート**』（文英堂）を使って知識を整理し、そこに出てきた知識を頭に叩き込んでいきます。一度勉強しただけでは、知識は身につきませんので、覚えるまで何度もくり返すことが大切です。

　わからないところは、『**大学入学共通テスト 地学基礎講義の実況中継**』（語学春秋社）や『**大学入学共通テスト 地学基礎の点数が面白いほどとれる本**』（KADOKAWA）などを使って調べましょう。

　これらを勉強したら、2020年まで実施されていたセンター試験や共通テスト、受験する大学の『**過去問**』を解き、時間に余裕があれば、『**マーク式基礎問題集 地学基礎**』『**共通テスト総合問題集 地学基礎**』（河合出版）などを解いておきましょう。

　地学は受験者数が少ないために、出版されている教材もほかの科目に比べて非常に少なく、選択の余地もないまま、勉強すべき教材が決まってしまいます。

5　社会の勉強法

　看護系大学の入試で社会が必要になるのは、国公立大学で共通テストを受験するという場合がほとんどです。

第4章●看護系大学に合格する勉強法

　共通テストのあとに、それぞれの大学が行う個別試験やそれ以外の看護系の大学入試で、社会を出題しているところはほとんどありません。

　社会の勉強法は、共通テスト対策を中心に紹介していきます。

（1）世界史の勉強法

　世界史は、覚えておかなければならない知識が膨大です。試験に出るポイントを覚え込んでいくためにおすすめする教材は、**『詳説世界史B』教科書**（山川出版社）、**『これならわかる！ナビゲーター世界史B』**（山川出版社）、**『世界史B講義の実況中継』**（語学春秋社）です。

　これらの教材を通読しながら、知識を整理、暗記していくための教材として、『教科書』で勉強するなら**『詳説世界史ノート』**（山川出版社）。『ナビゲーター』で勉強するなら付録としてついている「ポイント・チェック」を使い、知識をどんどん頭に叩き込んでいきます。『実況中継』を使うなら、付録としてついている講義プリントも利用して赤シートをかぶせてどんどん覚え込んでいきましょう。

　それと同時に、勉強した範囲について、**『山川一問一答世界史』『新よくでる一問一答世界史』**（山川出版社）や**『入試に出る世界史B一問一答』**（Ｚ会）などの一問一答問題集を使って、さらに知識を覚え込んでいきましょう。

　『教科書』か『ナビゲーター』『実況中継』を読んで内容を理解、整理し、『ノート』や付録の「ポイント・チェック」、赤シートを使って知識を覚え込み、『一問一答』を使って試験に出る知識を

✳✳　95　✳✳

確認していくというのが、世界史の勉強の流れです。

　試験に出るポイントを、ある程度、頭に叩き込んだら、問題練習に入ります。共通テスト対策としておすすめするのは、『**大学入学共通テストへの道　世界史**』（山川出版社）、『**マーク式基礎問題集**』『**共通テスト総合問題集**』（河合出版）などです。2020年まで実施されていたセンター試験の『**過去問**』を解くことも忘れてはいけません。

　一度勉強しただけで、すべてをマスターできるということはありません。どの教材も、ボロボロになるまでくり返しましょう。

（2）日本史の勉強法

　社会の中でも、覚えるべきことが最も多いのが日本史です。

　日本史の試験に出るポイントを覚え込んでいくためにおすすめするのが、『**詳説日本史Ｂ**』教科書（山川出版社）、『**これならわかる！ナビゲーター日本史Ｂ**』（山川出版社）、『**日本史Ｂ講義の実況中継**』（語学春秋社）です。

　これらの教材を通読しながら、知識を整理、暗記していくための教材として、『教科書』で勉強するなら『**詳説日本史ノート**』（山川出版社）。『ナビゲーター』で勉強するなら付録としてついている「ポイント・チェック」を使い、知識をどんどん頭に叩き込んでいきます。『実況中継』を使うなら、付録としてついている講義ノートも利用して赤シートをかぶせてどんどん覚え込んでいきましょう。

　それと同時に、勉強した範囲について、『**山川一問一答日本史**』『**新よくでる一問一答日本史**』（山川出版社）や『**入試に出る日本**

史Ｂ一問一答』（Ｚ会）などの一問一答問題集を使って、さらに知識を覚え込んでいきましょう。

『教科書』か『ナビゲーター』『実況中継』を読んで内容を理解、整理し、『ノート』や付録の「ポイント・チェック」、赤シートを使って知識を覚え込み、『一問一答』を使って試験に出る知識が身についたかどうか確認していくというのが、日本史の勉強の流れです。

試験に出るポイントを、ある程度、頭に叩き込んだら、問題練習に入ります。共通テスト対策としておすすめするのは、**『大学入学共通テストへの道　日本史』**（山川出版社）、**『マーク式基礎問題集』『共通テスト総合問題集』**（河合出版）などです。2020年まで実施されていたセンター試験の**『過去問』**を解くことも忘れてはいけません。

一度勉強しただけで、すべてをマスターできるということはありません。どの教材も、ボロボロになるまでくり返しましょう。

（3）地理の勉強法

地理の共通テスト対策は、**『山岡の地理Ｂ教室』**（ナガセ）か**『村瀬の地理Ｂをはじめからていねいに』**（ナガセ）を読むことから始めましょう。『山岡』か『村瀬』のどちらかを勉強すれば、共通テストに出題される知識はすべて身につけることができます。

地理の勉強をする時には、必ず手元に**『地図帳』**を用意しておき、出てきた地名や場所などは、その都度、確認することも大切です。統計資料にも目を通しておきましょう。

『山岡』『村瀬』を何回か通読して大まかな内容を理解したら、

問題を解きながら試験によく出るポイントを暗記し、問題の解き方のコツを身につけていきます。

そのための教材としておすすめするのが、『**大学入学共通テストへの道 地理**』（山川出版社）、『**マーク式基礎問題集**』『**共通テスト総合問題集**』（河合出版）などです。

これが終わったら、2020年まで実施されていたセンター試験の『**過去問**』を解きましょう。間違った問題や苦手な分野があったら、『山岡』『村瀬』に戻って、もう一度勉強し直しましょう。

地理は、日本史や世界史と比べると覚えることは多くありませんが、問題を解いていく際に、独特の解き方のコツやテクニックが必要になります。問題を解き慣れることが何よりも大切です。

（4）公民の勉強法

社会の大学受験科目には、日本史、世界史、地理のほかに、現代社会、政治経済、倫理などの公民があります。共通テスト対策の公民は、次のような流れで勉強していきましょう。

「現代社会」「政治・経済」「倫理」「倫理、政治・経済」のいずれも、まずは**教科書**を通読し、勉強した範囲について、『**山川一問一答**』シリーズ（山川出版社）や『**新よくでる一問一答**』シリーズ（山川出版社）などを使って試験に出る知識を覚え込み、同時に『**大学入学共通テストへの道**』シリーズ（山川出版社）を解いていきます。

教科書を読み、その範囲について『一問一答』と『共通テストへの道』を解き、そしてまた教科書に戻り、勉強した範囲の『一問一答』と『共通テストへの道』を解く。これを知識が身につく

✳✳✳ 98 ✳✳✳

まで何度もくり返し、それが終わったら、2020年まで実施されていたセンター試験の『過去問』を解き、時間に余裕があるなら、『マーク式基礎問題集』『共通テスト総合問題集』（河合出版）を解きましょう。

　教科書が使いづらい、わかりづらいという人は、教科書の代わりに、『大学入学共通テスト　現代社会の点数が面白いほどとれる本』『大学入学共通テスト　政治・経済の点数が面白いほどとれる本』『大学入学共通テスト　倫理の点数が面白いほどとれる本』『大学入学共通テスト　倫理、政治・経済の点数が面白いほどとれる本』（KADOKAWA）や『蔭山の共通テスト現代社会』『蔭山の共通テスト政治・経済』『蔭山の共通テスト倫理』（学研プラス）などを使って勉強してもいいでしょう。

　どの科目も、あれもこれもと手を広げず、選んだ教材をボロボロになるまで何度もくり返すことが大切です。

看護学校に合格する勉強法

● 第5章 ●

看護系短大・専門学校に合格する勉強法

1　英語の勉強法

　短大や専門学校入試に出題されるのは、高校教科書の基本的な知識です。しかし、教科書をもう一度、最初から勉強し直すというのでは、時間がかかりすぎて非効率です。

　では、どのような教材を選び、どのように勉強を進めていったらいいのでしょうか。

（1）英語の出題形式

　英語は、多くの学校で「コミュニケーション英語Ⅰ」や「コミュニケーション英語Ⅱ」が出題科目となっています。

　試験は、記述式で行うのが一般的で、長文読解問題、文法問題、英作文、会話文問題、単語・熟語、発音・アクセント問題などがバランスよく出題されます。

　出題の形式は、英語を日本語に直す和訳問題。日本語を英語に直す和文英訳問題。与えられた語群から単語を選んで空欄を埋めて正しい英文を作る空所補充問題。与えられた単語を並べかえて正しい英文を作る並べ替え問題。日常会話の決まり文句を中心とした会話文問題。同意語や反意語、派生語、発音、アクセントなどの単語の問題が出題されます。

　高校の教科書から出題されると言っても、高校の教科書は、中学校で勉強する知識をふまえて作られており、中学3年間に勉強した英語の知識は、直接は問われなくても、当然、知っておく必

第5章●看護系短大・専門学校に合格する勉強法

要があります。最近では、高校入試レベルの中学範囲の問題が何問も出題されている学校もあります。

（2）英語のおすすめ教材

① 中学範囲からもう一度勉強する

　短大、専門学校合格に必要な知識を身につけるためには、まずは中学範囲の復習から始めることをおすすめします。こう言うと、「中学範囲の知識は身についています」「なぜ中学校の勉強をしなければならないのか」と反論してくる受験生がいますが、短大、専門学校を受験する人の多くは、中学校で勉強した知識が身についていないというのが実情です。

　また、高校範囲の勉強を始める前に、中学範囲の勉強から始めると、それを発展させた高校で勉強する知識が理解しやすく、私が主宰している塾でも、まずは中学範囲の知識をおさらいし、それをふまえて高校範囲の勉強に入るようにカリキュラムを組んでいます。

　中学校で勉強した知識を復習するための教材としては、『**高校入試 わかる ウカル！英語**』（増進堂・受験研究社）をおすすめします。時間がなければ、『**中学3年分をたった7日で総復習 英語**』（学研プラス）を勉強しましょう。このほか、『**高校入試 合格BON！英語**』（学研プラス）、『**合格BEST本 英語**』（新興出版社）、『**高校入試 合格でる順 英語**』（旺文社）などでもいいでしょう。勉強しやすい教材を選んで勉強しましょう。

　勉強していてわからないところがあったら、『**黒沢の中学英語まるごとギュっ！**』（三省堂書店）や『**くもんの中学英文法**』（く

もん出版）などで調べましょう。

② 過去問をもとにつくられた受験教材を解く

　中学校で勉強する知識を復習したら、短大、専門学校受験のために書かれた教材を勉強していきましょう。私がおすすめするのは、『**短大・専門学校受験用 看護・医療系の英語**』（学研プラス）、『**看護医療学校受験 オープンセサミシリーズ 英語**』『**オープンセサミシリーズ問題集 アクセス英語**』（七賢出版）、『**看護医療系の英語総合**』（文英堂）です。

　これらの教材は、過去の入試問題（過去問）をもとにつくられていますので、入試によく出るポイントを効率よく身につけることができます。

　わからない単語などが出てきたら、すぐに意味や用法を調べることができるように、勉強する時には、『**英和辞典**』を用意しておきましょう。電子辞書ではなく、必ず紙辞書を使い、調べた単語には赤鉛筆などでしるしをつけておくようにしましょう。

　教材の解説を読んでも、どうしてもわからないところがあったら、『**総合英語 Evergreen**』（いいずな書店）などの参考書で調べましょう。参考書はどれを選んでもかまいません。書店で手に取ってみて、説明がわかりやすいと思うものを買えばいいでしょう。

③ 単語・熟語を覚える

　単語や熟語も覚えておかなければなりません。単語と熟語を覚えていくために単語・熟語集も必要です。

　単語、熟語も中学範囲から覚え直しましょう。おすすめの単語・熟語集は、『**データベース 1700**』（桐原書店）、『**VITAL1700**』（文

英堂）です。どちらの本も中学レベルから高校１年レベルまでの単語と熟語が、１冊にまとまっています。

そのあとで、あるいは、それと並行して、余裕があれば、『**看護・医療系の英単語**』（学研プラス）、『**看護医療技術系の英単語**』（文英堂）などを覚えていきましょう。

短大、専門学校入試なら、『データベース』『VITAL』だけで十分対応できます。というより、勉強を始めればわかることですが、これらの本にある単語、熟語を覚え終わる前に入試の日を迎えてしまうことになるでしょう。

④ 構文・語法は得点源になる

看護学校入試の問題を見ると、構文や語法の知識が、毎年、必ず出題されます。構文や語法は、単語がいくつか組み合わされて１つの意味をもつ英語特有の言い回しで、これは事前に覚えておかなければなりません。

構文や語法を身につけるための教材としておすすめするのは、『**セレクトプラス 英語構文 76**』（文英堂）です。問題を解きながら覚えていきたいと思うなら、『**看護医療技術系の英語 イディオム・構文・口語表現・発音・アクセント編**』（文英堂）を勉強するといいでしょう。この本は絶版になりましたが、アマゾンなどで入手できれば、ぜひおすすめの教材です。

表紙がとれてしまうぐらい、ボロボロになるまでくり返して、頭に叩き込んでいきましょう。例文を１つでも多く覚えるのがポイントです。

⑤ 長文問題の攻略法

「長文問題が苦手」

「長文問題がなかなかできるようにならない」

「長文問題を解いていると、それだけで時間がなくなってしまう」

そんな受験生の声をよく聞きます。

しかし長文問題を恐れる必要はありません。

長文問題でよく出題されるのは、例えば、下線が引かれた一文の日本語訳。（　　）の中の英単語を意味が通るように並べかえて正しい英文をつくる。空欄に正しい英語を選択肢から選んで答えるという問題です。

これらは、よく見ると、長文の中に組み込まれただけの短文問題です。下線部が引かれた部分の英文を抜き出してみてください。並べかえる（　　）の中の単語だけを書き出してみてください。空欄を埋める問題も、その空欄が入っている一文を書き抜いてみてください。

抜き出して、それを並べれば、短問集になります。

そしてこれらの問題は、長文のすべてを訳さなくても、その問題文だけで、あるいはその前後の文を読むだけで、答えを出すことができる場合がほとんどです。

長文の中にあると難しく思えるものも、書き抜いてみると、答えを出しやすく、実は、簡単な問題であることも多くあります。

長文問題で、全文を訳して答えなければならないのは、「本文の内容に合うものを次の中から選べ」「本文の内容に合うものには○をつけよ」というような問題だけです。

長文問題を解く時には、このように、長文のすべてを訳さなく

✲✲✲　106　✲✲✲

ても答えを出せる長文の中に埋め込まれた短文問題があるなら、そうした問題から解いていくと、時間を大幅に短縮できます。学校によっては、それで長文問題の8割近くの答えを出せてしまうところもあります。

　全訳は、それを解いたあとで行い、全訳する場合は、それぞれの文の前から後ろへと訳していきましょう。例えば、

Mr.Kurosawa teaches us English.
　　　　　↓
Mr.Kurosawa ／ teaches ／ us ／ English.

「黒沢先生は／教えるんだ／私たちに／英語を」というように、英文を細かく区切って、前から後ろへと訳していきます。これをスラッシュリーディングといいます。

　こうした訳し方を身につけるための教材としておすすめするのが、『**実戦！英語長文はこう読む**』（富士教育出版社）です。アマゾンなどで入手できますので、ぜひ一度目を通しておきましょう。

（3）英語の勉強の進め方

① <u>単語・熟語は細切れの時間を使って覚える</u>

　英語ができるようになるには、単語や熟語の意味を知っていなければなりません。

　用意した単語・熟語集は、学校の行き帰りの電車やバスの中、学校や職場の休み時間、トイレタイムなど、細切れの時間を利用して覚えていくようにしましょう。

勉強を始めればわかることですが、単語や熟語は、単語・熟語集を1回や2回くり返しただけで覚えられるものではありません。

　忘れることを前提に、試験当日までとにかく何度もくり返しましょう。

　また単語・熟語集は、時間をかけて、じっくり勉強するよりも、例えば1か月に1回、2回と、1冊を何回もくり返した方が、知識は定着していきます。

　単語・熟語集のほかにも、教材を勉強していて登場した単語や熟語についても、ノートなどにメモしておき、それも何度も見返すようにしましょう。

② 問題を解きながら知識を覚え込んでいく

　短大、専門学校受験のための教材は、どれも実際に入試に出題された過去問を例題として書かれています。類題や練習問題も、ほとんどが過去問です。

　過去問は実際の入試問題であり、過去問が解けるようになれば、目標とする短大、専門学校には合格できます。

　また、過去問を解くことで、入試問題のレベルを知ることができ、過去問を解きながら問題を解くコツ（これを「実戦力」と言います）も同時に身につけていくことができます。

　自分が選んだ教材が取り上げている問題を解きながら、答えを出すために必要な知識を明らかにし、またそれをひたすら覚え込んでいきましょう。

　この時、問題の部分には何も書き込んではいけません。問題に書き込みをしてしまえば、その教材は二度と問題集として使えな

くなってしまうからです。

それに対し、要点整理や解説のページには、線を引いたり、色分けをし、わからない単語や熟語の意味、関連知識などがあれば、どんどんそこに書き込んでいきましょう。

問題は、ノートやらくがき帳などに解いて、ポイントは何度もくり返し書いて暗記します。声を出せる場所なら、声に出して読みながら書くと覚えやすくなります。

1回目は、解答解説を見ながら解いてかまいませんが、勉強が終わったら、その日のうちに、何も見ないで解けるようになっているかどうか、必ず確認するようにしてください。

次の日の勉強も、前日に勉強した問題が、何も見ないで解けるようになっているか、チェックしてから新しいページに進むようにしましょう。これをするか、しないかで、知識の定着度は大きく変わってきます。

③ 構文や語法、長文の勉強も忘れない

受験教材を勉強し、その問題を解きながら、構文や語法、英語長文の勉強をすることも忘れてはいけません。

構文や語法は必ずノートやらくがき帳に書き出し、例文や問題文を音読しながら、それぞれの文の中で、構文、語法がどのように用いられているかを確認し、覚えていきます。「毎日30分勉強する」というような決まりをつくって勉強していくといいでしょう。

英語長文の訳し方も、例えば、週末に集中して勉強し、平日は勉強した範囲を何度もくり返し読み返して身につけていくというように勉強していきましょう。

④ **教材はメリハリをつけて勉強する**

　教材は、はじめからそこに書かれていることのすべてを完ぺきにマスターしようとしてはいけません。

　例えば、それぞれ出題テーマについて、「例題」「類題」「練習問題」というように構成されている教材なら、まずは「例題」だけを勉強して、教材を一通り最後まで終わらせてしまい、次に、「例題」が解けるようになっているかどうかを確認しながら、「類題」を解けるようにしていく、というように、メリハリをつけて勉強するようにしましょう。

　細かな知識や論点まですべて覚えてしまおうとする完ぺき主義ではなく、試験によく出る重要問題からマスターしていく重点主義の勉強を心がけましょう。

⑤ **最後は受験校の過去問で総仕上げをする**

　教材を一通り勉強し終えたら、また、入試１〜２か月前になったら、自分が受験する短大や専門学校の『過去問』を解きましょう（過去問の解き方については、「第８章 看護学校受験のＱ＆Ａ」のＱ.22 に対する答えも参照してください）。

　入試問題は、それぞれの学校に独特のクセがあり、それに慣れ、またそれぞれの学校の出題形式を知るために、過去問は貴重な情報源になります。

　過去３年分ぐらいは解いておきたいところですが、学校によっては最新の１年分しか公開していないところもあります。また最近は、過去問を公開しない学校も多くなりました。

　過去問が公開されていないなら、受験する学校に問い合わせ、どのような問題が出題されるのか、聞いてみるといいでしょう。

学校によっては、ていねいに教えてくれ、勉強の仕方をアドバイスしてくれるところもあります。また『看護学校入試精選問題集』（啓明書房）を解いてみましょう。

過去問を解くようになっても、単語・熟語集の暗記やそれまでに勉強してきた教材の復習をやめてはいけません。

忙しくなりますが、入試直前期には、これぐらい勉強しなければなりません。

2 数学の勉強法

「数学は暗記科目ではない」と言う人がいますが、数学も、実は暗記科目です。

数学の問題には、それぞれ解き方のパターンがあり、問題が解けるようになるには、事前に、それぞれの問題の解き方のパターンを理解し、覚えておかなければなりません。

数学の勉強では、まずは、答えを出すために必要になる問題の解き方のパターンを覚え込み、問題を見たら、どの解き方のパターンで解く問題なのかがわかり、それをあてはめて答えを出せるようになるまで、問題練習をくり返すことが大切です。

では、数学の勉強は、どのように進めていったらいいでしょうか。

（1）数学の出題範囲

数学は、短大、専門学校では、多くの学校で「数学Ⅰ」だけか、

「数学Ⅰ・数学A」が出題科目となっており、「数学Ⅱ」や「数学B」が出題される学校は、ほとんどありません。

　試験は記述式で行われ、出題される問題は、高校の教科書の例題レベルの基本的な問題がほとんどです。

　また、試験範囲とはされていませんが、高校数学を学ぶ上で、当然知っていなければならない小学校や中学校で学んだ算数や数学の知識を使わなければ答えが出せない問題も必ず出題され、高校の教科書範囲だけでなく、小・中学校で学んだ知識の復習も必要になります。

　短大、専門学校の入試では、高校の教科書で学ぶ基本レベルの問題が多く出題されますが、その中には、実は、小・中学校で学んだ知識を問う問題も含まれているのです。

（2）数学のおすすめ教材

① 中学範囲からもう一度勉強する

　数学の勉強も、必ず中学校で勉強したことの復習から始めましょう。「中学範囲の知識は身についています」と言っても、必ず抜け落ちている知識や苦手なところがあるはずです。

　そのための教材としておすすめするのが、『**高校入試 わかる ウカル！数学**』（増進堂・受験研究社）です。時間がなければ、『**中学３年分をたった７日で総復習 数学**』（学研プラス）を勉強しましょう。このほか、『**高校入試 合格BON！数学**』（学研プラス）、『**合格BEST本 数学**』（新興出版社）、『**高校入試 合格でる順 数学**』（旺文社）などでもいいでしょう。勉強しやすい教材を選んで勉強しましょう。

また、『**高校とってもやさしい数学Ⅰ・Ａ**』（旺文社）は、それぞれのテーマについて、最初に中学校で勉強したことを復習し、そのあとで高校範囲の勉強に進むというようにつくられていて、とても勉強しやすくなっています。これを勉強すれば中学範囲から高校範囲までを同時に勉強できます。

② 過去問をもとにつくられた受験教材を解く

　中学校で勉強する知識を復習したら、短大、専門学校受験のために書かれた教材を勉強していきましょう。

　私がおすすめするのは、『**坂田アキラの医療看護系入試 数学Ⅰ・Ａが面白いほどわかる本**』（KADOKAWA/ 中経出版）、『**短大・専門学校受験用 看護・医療系の数学Ⅰ・Ａ**』（学研プラス）、『**看護医療学校受験 オープンセサミシリーズ 数学Ⅰ・Ａ**』『**オープンセサミシリーズ問題集 アクセス数学Ⅰ・Ａ**』（七賢出版）、『**看護医療系の数学Ⅰ＋Ａ**』（文英堂）などです。特に『**坂田アキラの数Ⅰ・Ａ**』はわかりやすく、ほかに参考書などを買う必要もなく、これ１冊だけをくり返し勉強すれば、どの短大、専門学校にも合格できる知識を身につけられますが、数Ⅰのデータの分析に関する記述が少ないのが難点です。

　大切なのは、みなさんが勉強しやすいと思う教材を１冊選んで、その１冊を、ボロボロになるまでくり返し勉強することです。

（3）数学の勉強の進め方

① ノートに問題を書き写し、解き方をまとめていく

　まずはノートを１冊用意し、ノートの左側のページに問題を写

し、右側のページにはその問題の解き方をまとめていきましょう。これを私は「解法ノート」と呼んでいます。

　できる問題は自分の力だけでまとめていってもいいですが、わからない問題は、解答解説を参照しながらまとめます。「なぜ、そうなるのか」ということを考えながら書いていくことが大切です。

　初めて勉強するのですから、全問解けなくてもかまいません。１問解くごとに、それぞれの問題の解き方のパターンが明らかになり、入試に出る解法パターンがストックされていきます。

〈数学ノートのレイアウト〉

左　側	右　側	
問題を写す ※問題は、コピーして 切り貼りしてもよい	解説を読みな がら解き方を まとめていく	答えを出す のに使う公 式や解き方 のコツを書 き出す

左に問題を書き、その解き方を右側に対応させて書いていこう。

② 問題の解き方を、どんどん覚え込んでいく

　ノートをまとめ終えたら、答えが出るまでの解き方の流れをどんどん覚え込んでいきましょう。

114

らくがき帳などに答えが出るまでのプロセスを書きながら覚えていっても、解き方の流れを目で追いかけながら頭に焼き付けていっても、どちらでもかまいません。

③ 何も見ないで解けるかどうか確認する

勉強した日の夜、寝る前、あるいは翌日の朝、次に数学の勉強を始める前には、今度はノートを真ん中で折り曲げて解き方を見えないようにし、問題のページを見ただけで、答えが出せるようになっているかどうか確認しましょう。答えを出すまでの流れもチェックする必要があります。

もし、答えを出せなかったら、何も勉強しなかったことと同じです。勉強したことは、覚えてなければ、点にはつながりません。

「答えを出せなかった」「解き方が思い出せない」という時には、すぐにノートの右側のページにまとめた解き方を読み返し、それを見ながら、もう一度、解き方を覚え込んでいかなければなりません。

おすすめした教材の中から１冊を選んで、それをくり返していけば、入試問題を解くのに必要な解き方のパターンはほとんど身につけることができるはずです。

④ はじめから完ぺきにしようとしてはいけない

教材は、はじめからそこに書かれていることのすべてを完ぺきにマスターしようとしてはいけません。

例えば、それぞれの出題テーマについて、「例題」「類題」「練習問題」というように構成されている教材なら、まずは「例題」だけを勉強して、教材を一通り最後まで終わらせてしまい、「例題」

が解けるようになったあとで、「類題」や「練習問題」に進んでいく、というように、メリハリをつけて勉強するようにしましょう。

『坂田アキラの数Ⅰ・A』で勉強するなら、「キソのキソ」「キソ」から勉強し、そのあとで「標準」に進んでいきます。「ちょいムズ」「モロ難」は、みなさんが受験する学校の過去問を見て、必要と思う時に勉強すればいいでしょう。

はじめから教材に載っているすべての問題を解けるようにする完ぺき主義ではなく、試験によく出る典型問題から解けるようにする重点主義の勉強を心がけることが大切です。

たとえ、それぞれの教材でとり上げられているすべての問題が解けるようにならなかったとしても、すべての問題について勉強し終えることができなかったとしても、合格ラインは十分超えられます。

⑤ 応用力・実戦力を身につけよう

よく、「勉強した問題が、入試では、全然出なかった」と不満をもらす生徒がいます。

しかし、教材にある問題をどんなにくり返し解いて覚え込んでも、実際の入試で、それと同じ問題が、そのまま出題されることはほとんどありません。

勉強した問題の数字や文字が変えられて、あるいは聞き方を変えて出題されるのがふつうです。

教材で勉強する問題は、「このような問題が出ます」という、言わば見本のようなもので、みなさんは、その見本を使って問題の解き方を覚え込み、入試では、問題を見たら、自分の頭にストックしてきた、どの解き方のパターンを使えば答えを出せるのか

を見抜ける力を身につけることが大切なのです。

出題された問題に対し、解き方のあてはめが正しくできれば、答えを導き出すことができます。

これを応用力とか、実戦力といい、問題練習を何度もくり返すことで、応用力・実戦力が身についていきます。

⑥ 受験校の過去問は、必ず解いてみる

教材を一通り勉強し終えたら、また、入試1～2か月前になったら、自分が受験する短大、専門学校入試の過去問を必ず解いておきましょう（過去問の解き方については、「第8章 看護学校受験のQ&A」のQ.22に対する答えも参照してください）。

入試問題は、それぞれの学校に独特のクセがあり、それに慣れ、またそれぞれの学校の出題形式を知るためには、過去問は貴重な情報源になります。

過去3年分ぐらいは解いておきたいところですが、学校によっては最新の1年分しか公開していないところもあります。また最近は、過去問を公開しない学校も多くなりました。

過去問が公開されていないなら、受験する学校に問い合わせ、どのような問題が出題されるのか、聞いてみるといいでしょう。学校によっては、ていねいに教えてくれ、勉強の仕方をアドバイスしてくれるところもあります。また『看護学校入試精選問題集』（啓明書房）を解いてみましょう。

ところで、過去問を解き始めると、それまで勉強してきた教材の復習をやめてしまう受験生がいますが、過去問を解くようになっても、問題の解き方をまとめた「解法ノート」の復習をやめてはいけません。

復習を続けながら、過去問にも目を通す。

忙しくなりますが、入試直前期には、これぐらい勉強しなければなりません。

3 国語の勉強法

国語の勉強は、「何をしていいか、よくわからない」という声をよく聞きます。

特に現代文は、いくら勉強しても、なかなか点がのびていかず、それが多くの受験生の自信をなくさせているようです。

自信をなくしてしまい、また、何を、どう勉強してよいかがわからず、入試では、現代文しか出題されないような場合には、国語は何も勉強しないで試験に臨むという受験生も、たくさん見かけます。

しかし、国語には国語の勉強法があります。

国語も、勉強すれば、ほかの科目と同じように、まだまだ点をのばしていくことができるのです。

では、国語はどのように勉強すればいいのでしょうか。

（1）国語の出題範囲

短大、専門学校の入試では、国語も、ほとんどの学校で必修とされていますが、最近では、古文、漢文を除いて、現代文だけを出題する学校がほとんどです。

118

現代文の試験では、論説・評論、小説、随筆が出題されます。中には、詩、短歌、俳句を出題する学校もあります。

現代文に加えて、例えば、『徒然草』『枕草子』『奥の細道』などの古文を出題する学校もありますが、漢文を出題する学校は、ほとんどありません。

このほか、どの学校でも、漢字の書き・読み、慣用句、ことわざ、四字熟語、故事成語、文学史が出題されます。これらをまとめて「国語常識」と呼びます。

問題のレベルは、高校の教科書レベルの基本的なものですが、現代文は、問題練習をくり返して解き方のコツを身につけておかなければなりません。指示語や接続語などの知識も必要になります。

詩、短歌、俳句では、それらの形式、句切れや季語、例えば、反復、倒置法、比喩、体言止めなどの修辞法を覚えておくことも大切です。

古文は、まずは、それを読み解いていくために必要な歴史的仮名づかい、古文特有の古語の意味、古典文法を覚え、そのあとで問題練習をくり返して、古文を読み解いていくためのテクニックを身につけなればなりません。

漢文が出題される学校を受験するなら、漢文の形式、レ点や上下点といった返り点、再読文字、反語などの句法も覚える必要があります。

漢字、慣用句、ことわざ、四字熟語、故事成語、文学史などの国語常識は、試験に出る、出ないに関わらず、日本人としての常識です。看護師になった時に、漢字が読めない、書けないでは、仕事はうまく進んでいきません。これらは毎日、時間を決めて勉

強し、しっかり身につけておきましょう。

（2）国語のおすすめ教材

① 現代文のおすすめ教材

　現代文には解き方のコツがあります、そのコツを身につけるために、まずは、『**田村のやさしく語る現代文〈改訂版〉**』（代々木ライブラリー）を勉強しましょう。会話調で読みやすく、現代文の答えを導き出すのに必要なことがすべて書かれています。入試までくり返し解いて、しっかり身につけてください。

　この本を３回くり返し勉強したら、この本の復習をしながら、『**出口の現代文レベル別問題集**』（ナガセ）、『**全レベル問題集　現代文**』（旺文社）、『**現代文のトレーニング**』（Ｚ会）、『**極める現代文**』（スタディカンパニー）、『**入試現代文へのアクセス**』（河合出版）などの入門・基礎レベルを解いていきましょう。これらの教材のどのレベルまで勉強していくかは、それぞれが合格したいと思う学校の入試問題のレベルに合わせて決めましょう。

　時間に余裕があれば、このあとで、『過去問』を例題にして書かれた短大、専門学校受験のための教材も勉強しましょう。おすすめするのは、『**看護・医療系の現代文**』（学研）、『**看護医療系の現代文**』（文英堂）、『**看護医療学校受験 オープンセサミシリーズ国語**』『**オープンセサミシリーズ問題集　アクセス国語**』（七賢出版）などです。

② 詩・短歌・俳句の勉強法

　詩、短歌、俳句が入試に出題されるなら、中学校で勉強した知

120

識をまとめた高校入試対策のための教材から勉強しましょう。

おすすめの教材は、『高校入試 わかる ウカル！国語 』（増進堂・受験研究社）、『中学3年分をたった7日で総復習 国語』（学研プラス）、『高校入試 合格 BON！国語』（学研プラス）、『合格 BEST 本 国語』（新興出版社）、『高校入試 合格でる順 国語』（旺文社）などです。

どの教材を選んでも、詩、短歌、俳句については、数ページしかありませんので、2～3冊は勉強する必要があります。

それが終わったら、勉強した教材をくり返し復習しながら、過去問を例題にして書かれた短大、専門学校受験のための教材を勉強していきます。おすすめするのは、『看護医療学校受験 オープンセサミシリーズ 国語』『オープンセサミシリーズ問題集 アクセス国語』（七賢出版）です。

③ 古文のおすすめ教材

古文の勉強も、中学校で勉強した知識をまとめた高校入試対策のための教材から勉強しましょう。

おすすめの教材は、『高校入試 とってもすっきり古文漢文 中学1～3年』（旺文社）です。『高校入試 わかる ウカル！国語 』（増進堂・受験研究社）、『中学3年分をたった7日で総復習 国語』（学研プラス）、『高校入試 合格 BON！国語』（学研プラス）、『合格BEST 本 国語』（新興出版社）、『高校入試 合格でる順 国語』（旺文社）などを勉強してもいいでしょう。

次に『高校とってもやさしい古文』（旺文社）か『マドンナ古文』（学研）を勉強します。

さらに時間に余裕があるなら、過去問を例題にして書かれた短

大、専門学校の受験教材である『看護医療学校受験 オープンセサミシリーズ 国語』『オープンセサミシリーズ問題集 アクセス国語』（七賢出版）を解いていきましょう。

④ 漢文のおすすめ教材

　漢文の勉強も、中学校で勉強した知識を復習することから始めましょう。おすすめの教材は、『高校入試 とってもすっきり古文漢文 中学１〜３年』（旺文社）です。『高校入試 わかる ウカル！国語 』（増進堂・受験研究社）、『中学３年分をたった７日で総復習 国語』（学研プラス）、『高校入試 合格 BON！ 国語』（学研プラス）、『合格 BEST 本 国語』（新興出版社）、『高校入試 合格でる順 国語』（旺文社）などを勉強してもかまいません。

　次に『高校とってもやさしい漢文』（旺文社）か『三羽邦美の漢文教室』（旺文社）を勉強します。

　さらに時間に余裕があるなら、『過去問』を例題にして書かれた短大、専門学校受験教材である『看護医療学校受験 オープンセサミシリーズ 国語』『オープンセサミシリーズ問題集 アクセス国語』（七賢出版）を解いていきましょう。

⑤ 国語常識のおすすめ教材

　漢字、慣用句、ことわざ、四字熟語、故事成語、文学史などの国語常識については、『看護・医療系の国語常識』（学研プラス）、『看護医療系の国語常識』（文英堂）、『看護医療学校受験 オープンセサミシリーズ 国語』（七賢出版）を勉強しましょう。

　これらの中から１冊を選んで、その１冊をくり返し勉強してください。国語常識については、全員勉強することが必要です。

第5章●看護系短大・専門学校に合格する勉強法

『看護医療学校受験 オープンセサミシリーズ 国語』(七賢出版)
は、現代文、詩、短歌、俳句、古文、国語常識を1冊で勉強でき
る教材になっているので便利です。

（3）国語の勉強の進め方

① 漢字は、毎日書いて覚える

　文章を読むには、そこで使われている漢字が読めなければなり
ません。また、漢字の読み書きは、必ず試験に出題されます。

　小学校時代に、ドリルを使って、毎日、漢字の勉強をさせられ
たように、看護学校受験に向けて勉強を始めたら、毎日、漢字の
勉強をする必要があります。

　1日20分。

　机に向かって漢字を書いて覚える時間をつくってください。

　漢字は一朝一夕（一朝か一晩かというほどのわずかな時間のこ
と）には身についていきません。

　まずは、国語常識の受験教材で取りあげられている漢字を、く
り返し書いて覚えていきましょう。

　意味がわからない漢字は、必ず辞書で意味を調べておくことも
大切です。

② ことわざ、四字熟語、故事成語、文学史は、細切れの時間に 覚える

　ことわざや四字熟語、故事成語の意味、文学史などの国語常識
は、学校の行き帰りの電車やバスの中、学校や職場の休み時間、

トイレタイムなど、細切れの時間を利用してどんどん覚え込んでいきましょう。

　覚えるべきことは、国語常識などの受験教材に載っているものだけで十分ですが、それぞれが受験する学校の過去問を調べ、例えば、毎年、文学史が出題される学校なら文学史から勉強し、過去に、ことわざが出題されたことがないという学校なら、それは軽く流すというように、それぞれの受験校の出題傾向に合わせて、メリハリをつけて勉強するようにしましょう。

　教材は、２か月で１回というように、時間をかけてじっくり読み返すよりも、例えば、１か月に２回、３回、４回と、何回もくり返した方が、知識は定着していきます。

　試験当日まで、何度もくり返しましょう。

　勉強を始めればすぐにわかりますが、細切れの時間には、国語常識のほかにも、英単語や熟語も同時に覚えていかなければなりません。

　例えば、学校へ行く時には国語常識、帰りは英単語・熟語というように、うまく時間を配分していくことも必要です。

③ 古文、漢文からマスターしよう

　みなさんが受験する短大、専門学校の試験で、古文、漢文が出題されるなら、現代文よりも先に古文、漢文の勉強から始めてみましょう。

　古文で出題されるのは、古語の読み方（歴史的仮名づかいを現代仮名づかいに直す）。古語の意味。古文の口語訳。動詞、形容詞、形容動詞、助動詞の活用、敬語などの古典文法。漢文では、句法や書き下し文や口語訳などで、事前にそれらの知識を勉強して暗

記し、古文、漢文に読み慣れておけば、確実に点がとれる問題が多く含まれています。

　出題されるものもほぼ決まっていて、勉強さえすれば、実は、現代文よりも点を稼げる分野なのです。

　ここで紹介した教材を何度もくり返し勉強し、そこに書かれている古文、漢文の基礎知識をしっかり覚え、問題を解きながら、古文、漢文に慣れ、問題の解き方のコツを身につけていきましょう。

④ 現代文は、ひたすら問題練習をくり返す

　現代文は、ひたすら問題を解いて、問題を解きながら、答えの出し方を身につけていくしかありません。

　いくら勉強しても、なかなかできるようにならないのが現代文です。

　そのために、勉強をやめてしまい、また、何も勉強しないで試験に臨むという人も見かけますが、現代文も、問題練習をくり返すうちに、解き方のコツが少しずつ身についていきます。

　たとえ目に見える結果が出るまでに時間がかかったとしても、途中で、投げ出したり、あきらめてはいけません。やり続けることが大切です。

　ここで、現代文の勉強をする時の注意点を３つ紹介します。

☆ 答えは必ず本文の中にある

　現代文の問題は、論説・評論、小説、随筆のいずれも、問題は本文をもとに出題されます。

「次の文章を読んで、後の問いに答えなさい」という設問の意味は、問題の答えは、与えられた文章の中にあるということで、設問に対する答えは、必ず本文中に書かれています。

このことは、逆に言えば、本文に書かれていないことは正解ではないということで、現代文では、与えられた文章から設問の答えを探し出せるかどうか（これを読解力と言います）が問われるのです。

☆ 設問に、答えを導くためのヒントが隠されている

設問には、答えを出すためのヒントが書かれています。

例えば、与えられた文章の一部に傍線が引かれていて、その部分についての答えが求められている場合は、その傍線の直前か、直後。そこに答えがなければ、傍線が引かれている文が含まれている段落全体を読んでみると、答えを見つけ出せるのがふつうです。

設問で、答えに字数制限が設けられている場合は、その字数をヒントにして与えられた文章を読んでいくと、字数にピッタリ合った専門用語が書かれていたりして、あっという間に答えを見つけることができます。

設問をしっかり読まないまま、すぐに問題を解き始める受験生も多く見かけますが、設問には、答えを出すためのヒントが隠されているのです。

論説・評論、小説、随筆などの現代文の問題を解く場合には、本文ではなく、先に設問から読んでしまい、これから読む本文のどの部分について、何が問われるのか。答え方の形式は、本文か

ら書き抜くのか、それとも本文を要約するのか。与えられた選択肢から答えを選ぶ問題なのかを頭に入れてから本文を読んでいくようにするといいでしょう。

そうすれば、「ここが問題になっているんだ」「この部分をまとめればいいんだ」「答えはこのあたりにあるな」というように、問題意識を持って、本文を読みながら、同時に設問に対する答えを考えていくことができるのです。

☆ 主観で文章を読んではいけない

みなさんの心の中には、それぞれの考えや意見が形づくられています。これを「主観」と言います。

問題として出題されている文章を、主観にもとづいて読んでしまうと、答えを間違えてしまうことがあります。

例えば、論説や評論の答えは、与えられた文章を書いた人の考えにそって出さなければなりません。たとえ、文章に書かれていることが、みなさんにとっては納得できないことであっても、それを書いた人の主張や考えにもとづいて答えなければならないのです。

問題は、みなさんの意見や考えを聞いているのではなく、文章を書いた人が、どう思い、何を言いたいのかを聞いているのです。

小説だったら、そこに登場する人物が何を考え、どのような感情を持っているのか。どうしてそう思ったのかを答えていかなければなりません。

問題を答える人の考えや意見を聞いているのではなく、現代文の問題では、主観や先入観を持って文章を読んではいけません。

なかなか点がのびないと思われがちな現代文ですが、現代文は、ほかの科目のように、試験までに覚えておくべき知識がほとんどありません。

　答えは、試験会場に行ってはじめて与えられる文章の中に必ずあって、設問にそってそれを正しく見つけられさえすれば答えを出すことができ、暗記に時間がとられないということから考えれば、ある意味、「楽な科目」と言うことができます。

　問題練習を何度もくり返し、問題を解きながら、与えられた問題文の中から、正確に答えを見つけ出すコツを身につけていきましょう。

⑤ 詩、短歌、俳句も得点源だ

　出題される学校は少なくなっていますが、詩、短歌、俳句が出題される学校を受験するなら、これらの分野の勉強も早くから始めましょう。

　短大、専門学校受験のための教材は、あまり出版されていませんが、ここで紹介した教材を使って、まずは、詩、短歌、俳句の基礎知識を覚え込んでいきます。

　詩だったら、文語詩か口語詩か、定型詩か自由詩か散文詩かというような種類の分類。押韻、音数律、比喩、反復、対句といった技法。短歌は、五・七・五・七・七といった形式、短歌のリズム、句切れ、体言止め、比喩、倒置、対句などの技法。俳句では、五・七・五という形式、字余り、字足らず、季語や倒置、体言止め、切れ字などの技法などです。

　これらの知識は、中学校でも勉強した知識がほとんどですので、

第5章●看護系短大・専門学校に合格する勉強法

すでに勉強したことを、もう一度、復習する作業になります。

こうした知識を整理したら、すぐに問題を解くことが大切ですが、現代文（論説・評論、小説、随筆）とは違って、詩、短歌、俳句は、問題集には少ししか問題が載っていません。何冊か解くことが必要になります。

出題のパターンは決まっており、詩、短歌、俳句は、勉強すればしただけ、点につながります。

⑥ 過去問は必ず解いておく

紹介したそれぞれの教材を勉強し終えたら、また、入試1〜2か月前になったら、自分が受験する短大、専門学校入試の過去問を必ず解いておきましょう（過去問の解き方については、「第8章　看護学校受験のQ＆A」のQ.22に対する答えも参照してください）。

入試問題は、それぞれの学校に独特のクセがあり、それに慣れ、またそれぞれの学校の出題形式を知るためには、過去問は貴重な情報源になります。

過去3年分ぐらいは解いておきたいところですが、学校によっては最新の1年分しか公開していないところもあります。また最近は、過去問を公開しない学校も多くなりました。

過去問が公開されていないなら、受験する学校に問い合わせ、どのような問題が出題されるのか、聞いてみるといいでしょう。学校によっては、ていねいに教えてくれ、勉強の仕方をアドバイスしてくれるところもあります。また『看護学校入試精選問題集』（啓明書房）を解いてみましょう。

過去問を解き始めると、それまで勉強してきた教材の復習をや

めてしまう受験生がいますが、過去問を解くようになっても、それまで勉強してきた教材の復習をやめてはいけません。

復習を続けながら、過去問にも目を通す。そして、漢字の勉強と国語常識の暗記は、試験当日まで、毎日必ず続けてください。

忙しくなりますが、入試直前期には、これぐらい勉強しなければなりません。

4　生物の勉強法

理科は、生物基礎を試験科目としている学校がほとんどです。

中には、「生物基礎、化学基礎から１科目を選択する」という学校もありますが、最近では、理科を出題しない、また、理科を選択しなくても受験できる学校も増えています。

選択制で、化学基礎が試験科目にあり、生物基礎よりも化学基礎のほうが得意だという人は、化学基礎を選択すべきですが、受験生のほとんどは、生物基礎を選択しています。

そこで、理科の勉強法は、看護学校受験生の多くが選択する生物基礎についての勉強法を紹介していくことにします。

（１）生物基礎の出題範囲と頻出テーマ

生物が出題される場合、その出題範囲は「生物基礎」だけという学校がほとんどです。

問題のレベルは、高校の教科書レベルで、難しい問題はほとん

ど出題されませんが、教科書全範囲からまんべんなく出題されます。また、図表を使った問題は、毎年、必ず出題されています。

　試験によく出るテーマは、生物の特徴（生物の共通性と多様性、細胞の構造の観察、代謝とエネルギー、酵素、光合成と呼吸）、遺伝子とそのはたらき（遺伝子とDNA、DNAの構造、遺伝情報の分配、遺伝情報とタンパク質）、生物の体内環境の維持（体液と体内環境、腎臓と肝臓、自律神経とそのはたらき、ホルモンとそのはたらき、免疫）、植生の多様性と分布（植生の遷移、気候とバイオーム）、生態系とその保全（生態系と食物連鎖、物質循環とエネルギーの流れ、人間活動と生態系の保全）などです。

（2）生物基礎のおすすめ教材

　短大や専門学校に合格するために必要な生物基礎の知識を身につけるためのおすすめ教材は、『**高校とってもやさしい生物基礎**』（旺文社）です。生物基礎は知識を覚えることが主体になりますので、この教材を使って試験に出るポイントをどんどん頭に叩き込んでいきましょう。

　この本の代わりに、『**田部の生物基礎をはじめからていねいに**』（ナガセ）を通読しながら、『**必修整理ノート　生物基礎**』（文英堂）を使って知識を整理し、暗記していくというスタイルでもかまいません。

　これが終わったら、勉強した教材を復習しながら（復習は入試直前まで続けなければなりません）、短大、専門学校入試の過去問を集めている『**短大・専門学校受験用 看護・医療系の生物基礎**』（学研プラス）、『**看護医療学校受験　オープンセサミシリーズ　生**

❉❉　131　❉❉

物』『オープンセサミシリーズ問題集　アクセス生物』（七賢出版）、『看護系受験問題集　生物基礎＋生物』（数研出版）などを勉強していきましょう。「生物基礎は自信がある」という人は、これらの教材から勉強しても、合格ラインは超えられるはずです。

（3）生物基礎の勉強の進め方

① 問題を解きながら実戦力を身につけていく

　生物基礎は、まずは『とってもやさしい生物基礎』か『田部生物基礎＋必修ノート』を使って、試験に出る知識を理解し、頭に叩き込んでいきます。次に、短大、専門学校受験のために書かれた『看護・医療系』か『オープンセサミ』を勉強していきますが、これらの教材は、実際に入試に出題された過去問を例題としており、それぞれの章やテーマの最後にも過去問が集められています。

　過去問は実際の入試問題であり、過去問が解けるようになれば、目標とする学校には合格できます。また、過去問を解くことで、入試問題のレベルを知ることができ、過去問を解きながら問題を解くコツ（これを実戦力と言います）も同時に身につけていくことができます。

　自分が選んだ教材が取り上げている問題を解きながら、答えを出すために必要な知識を明らかにし、それをひたすら覚え込んでいきましょう。

　この時、問題の部分には何も書き込んではいけません。問題に書き込みをしてしまえば、その教材は、二度と問題集として使えなくなってしまうからです。

　要点整理や解説のページは、線を引いたり、色分けをし、関連

知識や補足事項などがあれば、どんどん書き込んでいきましょう。

問題は、ノートやらくがき帳などに解いて、ポイントは何度もくり返し書いて暗記します。声を出せる場所なら、声に出して読みながら書くと覚えやすくなります。

1回目は、解答解説を見ながら解いてかまいませんが、勉強が終わったら、その日のうちに、何も見ないで解けるようになっているか必ず確認するようにしてください。

次の日の勉強も、前日に勉強した問題が、何も見ないで解けるようになっているかどうかを復習してから新しいページに入るようにしましょう。

これをするか、しないかで、知識の定着度は大きく変わってきます。

② はじめから完ぺきにしようとしない

教材は、はじめからそこに書かれていることのすべてを完ぺきにマスターしようとしてはいけません。

例えば、それぞれ出題テーマについて、「例題」「入試問題」というように構成されている教材なら、まずは「例題」だけを勉強して、教材を一通り最後まで終わらせてしまい、次に、「例題」が解けるようになっているかどうかを確認しながら、「入試問題」を解けるようにしていく、というように、メリハリをつけて勉強するようにしましょう。

最初から細かな知識や論点まですべてマスターしようとする完ぺき主義ではなく、試験によく出る重要問題からマスターしていく重点主義の勉強を心がけることが大切です。

③ 苦手な問題は「間違いノート」で克服する

　生物基礎は暗記科目です。

　もちろん、覚えておくべき知識は、暗記する前に理解しなければなりませんが、覚えてなければ、答えを出すことはできず、何も勉強しなかったことと同じになってしまいます。

　しかし、勉強を始めればわかることですが、どんなにくり返し覚え込んでも、なかなか覚えられない知識があります。いつも同じ間違いをする問題があります。

　何度覚えても覚えられない知識、何度も同じ間違いをする問題は、ポケットに入るぐらいの小さなノートを1冊用意し、そこに、覚えられない知識といつも間違える問題を解くために必要になる知識を書き込み、学校の行き帰りやトイレタイムなどの細切れの時間を利用して、何度も読み返すようにしましょう。

　このノートを「間違いノート」と呼びます。

　なかなか覚えられない知識、いつも間違える問題こそが、それぞれの弱点（苦手分野）であり、それを克服していくためには、「間違いノート」を使って、ほかの知識よりも多く、重点的に復習することが大切です。

　どんなに苦手な知識・問題でも、くり返し勉強すれば、必ず身につき、簡単に思えるようになります。途中であきらめてはいけません。

④ 受験校の過去問で総仕上げをする

　紹介した教材を勉強し終えたら、また、入試1〜2か月前になったら、自分が受験する短大、専門学校入試の過去問を必ず解いておきましょう（過去問の解き方については、「第8章 看護学校

受験のQ&A」のQ.22に対する答えも参照してください）。

　入試問題は、それぞれの学校に独特のクセがあり、それに慣れ、またそれぞれの学校の出題形式を知るためには、過去問は貴重な情報源になります。

　過去3年分ぐらいは解いておきたいところですが、学校によっては最新の1年分しか公開していないところもあります。また最近は、過去問を公開しない学校も多くなりました。

　過去問が公開されていないなら、受験する学校に問い合わせ、どのような問題が出題されるのか、聞いてみるといいでしょう。学校によっては、ていねいに教えてくれ、勉強の仕方をアドバイスしてくれるところもあります。また『**看護学校入試精選問題集**』（啓明書房）を解いてみましょう。

　ただし、生物基礎は新課程から始まった科目ですので、まだ過去問の蓄積がそれほど多くありません。過去問を解く場合は、その問題が生物基礎の範囲のものであるかどうか確認してから解くようにしましょう。

　過去問を解き始めると、それまで勉強してきた教材の復習をやめてしまう受験生がいますが、過去問を解くようになっても、それまで勉強してきた教材の復習もやめてはいけません。

　復習を続けながら、過去問にも目を通す。忙しくなりますが、入試直前期には、これぐらい勉強しなければなりません。

看護学校に合格する勉強法

● 第6章 ●

准看護学校に
合格する勉強法

1. 国語・数学の勉強法

　准看護学校入試で出題されるのは、中学校教科書の基本的な知識で、試験のレベルは高校入試レベルです。しかし、中学校の教科書をそろえて、もう一度、最初から勉強し直すというのでは、時間がかかりすぎて非効率です。

　では、どのような教材を選び、どのように勉強を進めていったらいいのでしょうか。

　准看護学校に合格するための勉強法を、出題頻度の高い国語と数学から紹介していきましょう。

（1）国語の勉強法

　国語は、現代文（説明的文章や文学的文章）、古文、詩、短歌、俳句、漢字の読み書き、ことわざ、慣用句、四字熟語、故事成語、文法、敬語、文学史などが出題されます。

　学校によって、出題内容は大きく異なりますので、まずは、自分が受験しようと考えている学校に問い合わせ、過去問（過去に出題された実際の入試問題）を手に入れて、傾向を分析してみるといいでしょう。

　過去問は公開していても、解答は非公表という学校も多くあります。こういう場合は、何が出題されるのか。傾向を見るだけにして、出題されるテーマについて、解答解説がある問題集を解いていくことが大切です。解答がわからない問題をいくら解いても、

第6章●准看護学校に合格する勉強法

答え合わせができないのですから、時間のムダです。間違った解き方を覚えることになってしまうかもしれません。

　過去問も非公表としている学校を受験する場合には、どのようなテーマが出題されても、答えを出せるように、とにかく問題集を解いて、準備をしておくしかありません。

　准看護学校の入試問題は、ほとんどが中学校の教科書から出題され、問題のレベルは高校入試程度です。准看護学校合格に必要な知識を身につけるためには、高校受験のための教材を勉強するのが一番よい方法です。

　私がおすすめするのは、『高校入試 わかる ウカル！国語』（増進堂・受験研究社）、『とってもやさしい国語 中学1～3年』（旺文社）、『中学国語をひとつひとつわかりやすく。』（学研プラス）などです。時間がないという場合は、『中学3年分をたった7日で総復習 国語』（学研）を勉強するといいでしょう。これらのほかに、『高校入試対策 合格 BEST 本 国語』（新興出版社）、『高校入試 合格 BON ！ 国語』（学研プラス）などを選んでもかまいません。

　どれも薄めの教材ですが、これらの中から1冊を選んで、それをくり返し勉強すれば、准看護学校に合格するために必要な知識は身につきます。書店で実際に手に取ってみて、自分が勉強しやすいと思う教材を選んでみるといいでしょう。

　これらの教材を勉強したら、『准看護学校 入試問題解答集』（啓明書房）の国語の問題を解きましょう。

　自分が受験する学校の問題でなくても、准看護学校入試問題のレベルは、どの学校もほとんど同じであり、この問題集を解いていけば、准看護学校入試の頻出ポイントを身につけることができ

139

ます。

　また、必ず出題される漢字、語句、文法などの知識は、『**高校入試ランク順 中学漢字・語句・文法 1100**』（学研）や『**高校入試でる順 ターゲット 中学漢字・文法 630**』（旺文社）をくり返し勉強しておくといいでしょう。

（2）数学の勉強法

　数学は、正負の数、文字と式、方程式、不等式、式の計算、連立方程式、多項式、因数分解、平方根、二次方程式などの計算問題が出題されます。

　多くの学校では、この基本的な計算問題を解ければ、合格ラインは超えられますが、このほか、比例と反比例、一次関数、二次関数、平面図形、空間図形、平行線と角、三角形、平行四辺形、円、相似な図形、三平方の定理、確率などの問題も出題されます。

　数学も、学校によって、出題内容は大きく異なりますので、まずは、自分が受験しようと考えている学校に問い合わせ、過去問（過去に出題された実際の入試問題）を手に入れて、傾向を分析してみるといいでしょう。

　入試問題は、ほとんどが中学校の教科書から出題され、問題のレベルは高校入試問題の基本レベルです。これらの問題が解けるようになるためには、高校受験のための教材を勉強するのが一番よい方法です。

　私がおすすめするのは、『**高校入試 わかる ウカル！数学**』（増進堂・受験研究社）、『**中学数学の解き方をひとつひとつわかりやすく。**』（学研プラス）などです。時間がないという場合は、『**中**

学３年分をたった７日で総復習 数学』（学研プラス）を勉強する
といいでしょう。これらのほかに、『高校入試対策 合格 BEST 本
数学』（新興出版社）、『高校入試 合格 BON ！ 数学』（学研）など
を選んでもかまいません。

　どれも薄めの教材ですが、テーマごとに問題が分類されていて、
これらの中から１冊を選んで、それをくり返し勉強すれば、准看
護学校の入試問題の多くは、必ず解けるようになります。書店で
実際に手に取ってみて、自分が勉強しやすいと思う教材を選んで
みるといいでしょう。

　それが終わったら、『准看護学校 入試問題解答集』（啓明書房）
の数学の問題を解いていきましょう。数学に自信があるなら、は
じめから、『准看護学校 入試問題解答集』の数学の問題を、自分
が受験しようと考えている学校の出題傾向に合わせて、セレクト
しながら解いていってもかまいません。

　入試では、問題の数字や文字などが変わるだけで、同じパター
ンの問題が必ず出題されます。

　最近では、中学校だけでなく、高校の教科書から問題を出題す
る学校があります。高校で勉強する範囲（数学Ⅰ、Ａなど）が出
題範囲になっている場合には、『高校とってもやさしい数学Ⅰ・Ａ』
（旺文社）も勉強しておきましょう。この本は、最初に中学校で
勉強したことを復習するページがあり、これを勉強すれば、中学
範囲と高校範囲の両方を勉強することができます。

　また、高校範囲ではなく、小学５、６年で勉強する算数の問題
を出題する学校もあります。小学校で勉強した知識を復習するに
は、『もう一度！小学校５年・６年の算数がよ～くわかる本』（総
合科学出版）や『小中学校９年分の算数・数学がわかる本』（ダ

イヤモンド社)、『小学校6年間の算数が6時間でわかる本』(PHP
研究所)などを勉強しておきましょう。

2. 英語・理科・社会の勉強法

　英語や理科、社会を出題する学校もあります。

　どのような問題が出題されるかは、学校によって傾向が大きく
異なりますので、まずは、自分が受験しようと考えている学校に
問い合わせ、過去問（過去に出題された実際の入試問題）を手に
入れて、傾向を分析する必要があります。

　英語、理科、社会の問題も、中学校の教科書から出題され、問
題のレベルは高校入試程度です。これらの問題が解けるようにな
るためには、高校受験のための教材を勉強するのが一番よい方法
です。

　私がおすすめするのは、国語、数学と同じく、『**高校入試 わか
る ウカル！**』(増進堂・受験研究社)、『**中学3年分をたった7日
で総復習**』(学研プラス)、『**高校入試対策 合格 BEST 本**』(新興出
版社)、『**高校入試 合格 BON！**』(学研プラス)などです。

　どれも薄めの教材ですが、テーマごとに問題が分類されていて、
これらの中から1冊を選んで、それをくり返し勉強すれば、合格
ラインは超えられます。書店で実際に手に取ってみて、自分が勉
強しやすいと思う教材を選んでみるといいでしょう。

　このほか、英語は単語や熟語も覚えておかなければなりません。
中学校で勉強する単語、熟語を覚えるためには、『**高校入試ラン**

142

第6章●准看護学校に合格する勉強法

ク順 中学英単語1850』『高校入試ランク順 中学英熟語430』（学研）や『高校入試でる順ターゲット 中学英単語1800』『高校入試出る順ターゲット 中学英熟語380』（旺文社）、『VITAL1700 英単語・熟語』（文英堂）などを勉強してみるといいでしょう。

　また理科は、生物、地学、物理、化学の四分野に分けられますが、准看護学校入試で多く出題されるのは、生物分野の刺激と反応、消化と吸収、呼吸・血液の循環・排出、生殖と遺伝などです。メリハリをつけて勉強するといいでしょう。

　社会は、地理、歴史、公民のすべての範囲から、薄く、広く出題されます。重要語句の意味を正確に覚え込み、地理は地図帳で国や都道府県、主な山地や川などの場所を確認し、歴史は年表を使って歴史の流れをおさえ、公民は、憲法の条文を覚え、例えば、三権分立などの模式図も書けるようにしておかなければなりません。

　高校受験のための教材を一通り勉強し終えたら、どの科目も、『准看護学校 入試問題解答集』（啓明書房）などを使って、問題練習をしておくといいでしょう。

3. 一般常識・適性検査の勉強法

（1）一般常識

　一般常識は、中学校レベルの国語、数学、英語、理科、社会の知識や時事問題などがまとめて出題されるものです。

143

国語では、漢字や四字熟語、ことわざなど。数学は基本的な計算問題や方程式の文章題、図形などの問題。英語は単語や熟語、基本的な英文、会話文。理科では感覚神経や運動神経、目、耳、鼻、舌、皮膚などの感覚器官、食物の消化と吸収、呼吸のしくみや血液のはたらきと循環、心臓、排出などの生物に関する知識。社会では歴史や地理、政治経済に関する基本的な知識が出題されます。

　時事問題では最新のニュースや話題。特に、健康や医療に関するものが出題されます。

　対策としては、**就職試験対策のためのテキストとして書かれた一般常識問題集**などを勉強してみるといいでしょう。書店の就職対策のコーナーには、いろいろな種類の本が並んでいますが、コンパクトにまとまっていて、最後まで終わらせることができるものを選ぶといいでしょう。

　国語や数学、英語などは、すでに紹介した高校入試対策のための教材を勉強し、理科や社会、時事問題については、これらの本の必要部分だけ勉強してもかまいません。

　時事問題については、日ごろから、テレビのニュースを見るようにし、また新聞を読む習慣を身につける必要があります。インターネットの最新ニュースもチェックするようにしましょう。

（2）適性検査

　適性検査（適性テスト）は、受験生の性格や人柄を調べるために行われるもので、クレペリン検査やＹＧ性格検査などが使われます。

　受験生からは「どのように対策したらよいかわからない」とい

第6章●准看護学校に合格する勉強法

う質問を受けますが、適性検査については、事前に何らかの対策をしておく必要はありません。

試験当日に、指示された通りに、与えられた問題の答えを見つけていけば十分です。

合否判定をするにあたっても、これを点数化するということはありません。ほかの試験科目を採点し、そのあとで、適性検査の結果に問題があれば、合否の判断材料に加えるという程度のものと考えていいでしょう。

適性検査の結果がよかったから合格させるということはなく、適性検査の結果に問題があったら不合格にするというもので、対策をしても、それぞれの性格や人柄などを、一朝一夕に変えることなどできません。

適性検査で大切なのは、問題に素直に答えていくという姿勢であり、答えを出すのに、小細工をしてはいけません。

どうしても心配というなら、クレペリン検査やＹＧ性格検査などの仕組みを解説した本も出ていますので、一度、目を通してみるといいでしょう。

4. 看護学校・准看護学校ダブル合格法

看護学校をめざして勉強している人の中には、滑り止めとして、准看護学校を併願受験する人がいます。

看護学校と准看護学校の両方を受験するという場合は、まずは看護学校合格に向けた勉強を重点的に行い、准看護学校入試の1

145

か月前になったら、看護学校の受験対策をしながら、同時に受験する准看護学校の過去問を解き、過去問が公表されてなかったり、解答がない場合には、受験する学校の出題の傾向に合わせて、『**准看護学校 入試問題解答集**』(啓明書房)を解いていくといいでしょう。

　看護学校の合格ラインを超えていれば、それだけで、十分、准看護学校にも合格できます。

　私が開いている講座の受講生も、ほとんどの生徒が准看護学校にも出願していて、入試の1か月前になったら、准看護学校レベルの問題も解き始めます。

　しかし、准看護学校入試の前に、看護学校の合格が決まり、毎年、受験生のほぼ全員が准看護学校の受験は辞退します。受験の申し込みはしてあるのですが、試験を受けには行きません。

　准看護学校にも合格したいと思うなら、まずは看護学校合格に向けて、一生懸命勉強することが大切です。

看護学校に合格する勉強法

● 第 7 章 ●

看護学校の小論文・面接攻略法

1　小論文の書き方

　最近の入試では、小論文が重視される傾向にあります。

　「文章を書くのは苦手だ」という人がたくさんいますが、書き方のコツさえつかんでしまえば、決して難しいものではありません。

　英語や数学、国語、生物のように、事前に覚えていかなければならない知識も、ほとんどありません。

　当日、試験会場に行って、与えられたテーマについて、自分が知っていることを、それぞれの切り口で書けばいいだけで、むしろ「楽な科目」ととらえることもできます。

　では、小論文は、どのように勉強していったらいいでしょうか。

（1）小論文の出題形式と頻出テーマ

　小論文は、学校によって違いがありますが、50 ～ 60分で600 ～ 800字というのが一般的です。まずは、受験する学校では、何分でどのぐらいの分量の文章を書くことが求められるのか、調べてみましょう。

　よく出題されるテーマは、

・なぜ看護師をめざすのか

・どのような看護師になりたいか

・看護師に必要なものは何か

第7章●看護学校の小論文・面接攻略法

・これまでの学校生活で心に残った出来事
・私の生き方と夢
・私の家族と友人
・少子高齢化社会について考える
・地球環境問題
・脳死と臓器移植
・がん告知をどう考えるか
・インフォームドコンセントについて
・遺伝子診断
・出生前診断
・代理出産
・セカンドオピニオン
・コンビニ受診
・老老介護
・iPS 細胞
・最近のニュースで特に関心を持ったこと

などです。

　社会問題や時事問題などには日ごろから関心を持ち、医療問題
についての知識は、事前に身につけておかなければなりません。

（2）小論文は「かたち」から覚える

　小論文には書き方があります。
　問題によっては、文章の構成が指定されることもありますが、

３段落構成で書くのがふつうです。

　つまり、文章は、「①序論→②本論→③結論」という流れにし、①序論では、与えられた課題について、自分はどのような切り口で書いていくのかを明らかにします。②本論では、自分なりの切り口（与えられたテーマについて自分が知っていること）で、その課題などについて、具体例などを紹介しながら、自分の考えや意見を述べていきます。そして最後に、③結論として、それまで述べてきたことを要約して文章のまとめとするのです。

合格する小論文の「かたち」

文章は「①序論→②本論→③結論」の３段落構成にする

①序論　与えられた課題について、自分はどのような切り口で書いていくのかを紹介する。
・課題について、自分が知っていることを書けばいい。
・自分が知っている知識で、与えられた課題を論じる。

②本論　与えられた課題について、自分が知っていることを、具体例やその問題点などをあげながら述べ、同時に、自分の考えや意見を明らかにしていく。

③結論　それまで述べてきたことを要約してまとめる。
・ここでは、それまでに述べていないことは述べてはいけない。
・すでに述べたことを総括する。

❖❖　150　❖❖

小論文の勉強では、まずは、ここで紹介した小論文の「かたち」を覚えましょう。

この「かたち」にそって文章が書かれ、それが論理的に一貫していて、また、漢字や言葉の使い方、そこに述べられている知識に誤りがなければ、合格ラインは必ず超えられます。

小論文で一番大切なのは、筋道を立てて、自分の意見が述べられているかどうか、ということなのです。

（3）答案用紙の正しい使い方

マス目のある答案用紙だったら、原稿用紙の使い方を守って書かなければなりません。

・題名は、１行目の３マス下がったところから書く。
・氏名は、題名の次の行の下の方に書き、一番下の１マスをあける。
・題名と氏名は、字数制限には含まれません。字数は、本文だけでカウントします。入試では、題名と氏名を書く欄は、用紙の枠外にある場合もあります。
・本文の書き出しや段落のはじめは、１マスあける。
・１マスに１字ずつ書く。小さい「っ」「ゅ」や句読点なども１マスに１つずつ書く。
・句読点が、行の頭にくる時は、前の行の末尾につける。
・数字は、縦書きの場合は漢数字、横書きの場合は算用数字を使う。
・「！」「？」などは使わない。

・書名を引用する場合は、『　』を使う。

このような決まりは、必ず守りましょう。

（4）小論文と作文の違い

「小論文と作文との違いは何ですか」という質問をよく受けます。

小論文も作文も、与えられたテーマについて、筋道を立てて、自分の考えや意見を述べていくという点では、どちらも同じですが、作文が、何より、自分の体験や経験にもとづいて、思ったことや考えたこと、気づいたこと、感想などを述べていけばいいのに対し、小論文では、そこで述べる考えや意見について、なぜそう考えたのか、その論拠となる事実をあげて述べていかなければならず、ここに大きな違いがあります。

つまり作文では、「私は〜だと思います」「私は〜ということに気づきました」というような文体で、あくまで自分がどう考えるかということを、思ったまま、感じたまま書けばよく、その理由や根拠まで書く必要はありません。

作文は、あるテーマについて、書き手がどのように思っているのか、その人間性を見るためのもので、読み手の「感性」に訴えるものだからです。

しかし小論文では、自分の意見・考えを述べるにあたっては、必ずそう考えた理由や根拠を書かなければなりません。そのため、「〜については、〜だと考える。そう考えたのは、〜だからだ」「〜は〜だ。なぜなら〜だからだ」というような文体を使い、例えば

どういうことなのか。必要ならば、その具体例などもとりあげる必要があります。

書き手の論理的な思考力を見るのが小論文で、小論文は「理性」に訴えるものととらえることもできます。

実際に文章を書く際には、作文では「です・ます調」を使い、小論文では「だ・である調」を使うといいでしょう。

（5）小論文のおすすめ教材

小論文の勉強をするにあたって、私がおすすめする教材は、『**看護医療系の小論文**』（文英堂）、『**看護医療技術系の小論文**』（文英堂）、『**短大・専門学校受験用 看護・医療系の小論文**』（学研プラス）、『**看護・医療技術学校受験 パワーアップ面接＆論作文対策**』（実務教育出版）、『**まるまる使える医療看護福祉系小論文**』（桐原書店）、『**公式で解く‼ 看護医療福祉系小論文**』（エール出版社）、『**小論文これだけ！看護超基礎編**』（東洋経済新報社）、『**読むだけ小論文 医歯薬看護医療編**』（学研プラス）などです。

これらの教材の中から、それぞれが受験する学校のレベルに合わせて勉強しやすいものを1冊選び、模範答案をくり返し読んで、小論文の「かたち」を覚え込んでいきましょう。

勉強する時には、『**国語辞典**』（国語は電子辞書でもかまいません）は必ず用意し、意味のわからない言葉は、すぐに辞書で調べるようにしてください。

また小論文は、ただ教材を読んでいるだけでは、いつまでたっても書けるようにはなりません。

教材にのっている模範答案を読み込んだら、すぐに書く訓練を

始めることが大切です。

「学ぶ」の語源は、「まねぶ」だと言われます。

「まねぶ」とは、まねをすること。

まずは、手本である模範答案を書き写すなどして、小論文の書き方をまねしてみましょう。

（6）とにかく書き慣れることが大切だ

教材の模範答案を読み込んで、書き方のヒントを身につけたら、受験する学校の過去問や試験によく出るテーマについて、実際に小論文を書いて、それを何度も推敲し、文章やその表現を練り直す訓練をくり返していきましょう。

小論文の勉強で最も大切なことは、書き慣れることです。

同じテーマについて、少なくとも３〜４回は書き直す必要があります。

実際に小論文を書く際には、次の点に注意しましょう。

・文章は長すぎず、できるだけ簡潔に書くようにする。

・誤字や脱字には十分注意する。誤字、脱字は、減点の対象になります。

・文法、用法の誤りも減点されます。

・わざわざ難解な表現を使う必要はありません。自分の言葉で、わかりやすい、読みやすい文章を書くように心がける。

・文体を統一する。小論文なら「である」「だ」（これを常体といいます）という文末で統一するといいでしょう。

第7章●看護学校の小論文・面接攻略法

　小論文は、それを採点する人に読んでもらうものです。

　たとえ字が下手だという人でも、文章は、ていねいに書きましょう。

　試験が終わると、「制限字数いっぱいまで書けなかった」と心配して相談にやって来る受験生がおりますが、制限字数いっぱいまで書かなくても減点はされません。

　制限字数の８割を埋められれば、問題はありません。

　これに対し、制限字数を超えたら、減点の対象になりますので注意してください。

（7）小論文のチェックポイント

　小論文を書き終えたら、次の点をチェックしてください。

・与えられたテーマについて文章が書かれているか。
・論理が一貫しているか。
・文章の構成に問題はないか。
・書き手の意見や考えは、しっかり述べられているか。
・わかりやすい、読みやすい文章になっているか。
・漢字や文法、用法に誤りはないか。
・字数は十分か。

　小論文では、こうした点が評価の対象になります。

2 面接攻略法

　看護学校入試では、ほとんどの学校で面接が行われます。

　英語、数学、国語、生物などの学科試験で、それぞれの受験生の学力を判定し、面接試験で、受験生の人間性を評価しているのです。

　面接を軽く見て、特に何の対策もしないという受験生も見かけますが、学科試験で合格ラインを超えていても、面接で不合格になるということも実際にあります。

　面接試験に向けては、どのような準備をすればいいでしょうか。

（1）面接の形式

　面接には、「個別面接」「集団面接」「集団討論」の３つがあります。これらを一つずつ説明していきます。

① 個別面接

　受験生１人に対して２〜５人の試験官が質問していく面接の形式で、時間は15〜20分というのが一般的です。

② 集団面接

　5〜8人の受験生に対して、3〜5人の試験官が順に質問していく面接の形式で、時間は、受験生の数によっても変わりますが、30〜50分程度というのが一般的です。

第7章●看護学校の小論文・面接攻略法

③ 集団討論

5～10人の受験生で1つのグループをつくり、あるテーマについて、受験生どうしが自由に討論するという形式のもので、時間は1時間から1時間30分というのが一般的です。試験官は、討論には参加せず、受験生どうしの討論を、そばでじっと聞いています。

これらの中で、最も多く行われているのは個別面接ですが、まずは、受験する学校で、どのような形式の面接が行われているか調べてみましょう。

（2）面接では、何が見られるのか

試験官は、面接試験で受験生の何を見ているのでしょうか。
ある看護学校の面接評価表を紹介します。

・面接を受ける態度や身だしなみに問題はないか。
　　□ 正しい言葉づかいができているか。
　　□ 服装や髪形は大丈夫か。
　　□ 落ち着いた態度で面接に臨んでいるか。
・自分の考えを、正しく、わかりやすく人に説明できているか。
　　□ 話すことに統一性があり、内容が的確か。
　　□ 言葉が明瞭か。
　　□ 話が簡潔にまとまっているか。
・自ら進んで、積極的に物事を行う意思があるか。

✤✤✤　157　✤✤✤

□ 学ぶ意欲が感じられるか。

　　　□ ハキハキと話をしているか。

　　　□ 向上心が感じられるか。

　・人柄が誠実で、責任感があるか。

　　　□ 素直に、他人の話が聞けるか。

　　　□ 強い意思を感じられるか。

　　　□ まじめで、責任感がある人物か。

　・円滑な集団活動ができるか。

　　　□ 他人と協調して行動できるか。

　　　□ 他人の意見を受け入れられるか。

　・看護師として働こうとする熱意が感じられるか。

　　　□ 看護師になろうという決意があるか。

　　　□ 看護師として働くのに問題はないか。

　　　□ 心身ともに健康で、看護師としての職務に耐えられる
　　　　か。

　これらの評価ポイントを読めばわかるように、面接で問われる
のは、受験生が看護師にふさわしい人物かどうか。看護学校に入
学して一生懸命勉強しようという意欲があるか、ということです。

　集団面接と集団討論では、特に、他人の意見を素直に聞くこと
ができるか。自分の考えや意見を他人の前でしっかり述べること
ができるか。他人と協力し合いながら仕事を進めることができる
人物か、という点が評価されます。

　看護師の仕事に求められるのはチームワークであり、試験官は、
集団面接や集団討論を通じて、それぞれの受験生に協調性がある
かどうかを見ようとしているのです。

第7章●看護学校の小論文・面接攻略法

（3）面接でよく聞かれること

　入試が終わると、受験した生徒に、面接で聞かれたことを報告してもらいます。

　それを見てみると、面接で聞かれることは、毎年、ほとんど同じということがわかります。

　面接試験で、よく聞かれることをまとめてみましょう。

・どうして看護師になりたいのですか。

・あなたがめざす看護師は、どんな看護師ですか。

・看護師に最も必要なことは何ですか。

・どうしてこの学校を受験したのですか。

・入試に向けて、どのように勉強しましたか。

・看護学校の勉強（実習）は厳しいですが、ついてこれますか。

・自己PRをしてください。

・あなたの長所と短所を教えてください。

・趣味（特技）は何ですか。

・家族構成を教えてください。

・得意な教科、不得意な教科は何ですか。またその理由を教えてください。

・これまで読んだ本の中で、最も心に残っている本は何ですか。

・学校生活で、特に印象に残った出来事は何ですか。

・部活動（委員会活動）は何をしていましたか。

・友だちは何人ぐらいいますか。どんなことを話しますか。
・卒業後は、どのような進路を考えていますか。
・この学校のほかに、どこを受験しましたか。
・ほかの学校にも合格したら、どこに進学しますか。
・最近、関心をもった出来事は何ですか。

　これが、面接でよく聞かれる質問です。
　このほか、例えば、

・がん告知について、どう考えるか。
・脳死について、あなたはどう思うか。
・少子高齢化社会について、どう考えるか。
・医師不足について、どう思うか。
・臓器移植について、どう考えるか。
・コンビニ受診について、どう思うか。
・セカンドオピニオンについて、どう考えるか。
・老老介護について、どう思うか。
・出生前診断について、どう思うか。
・遺伝子診断について、どう思うか。
・新型コロナの流行について、どう思うか。

　というように、医療・社会問題について受験生の考えや意見を聞く場合もあります。
　日頃から、新聞を読んだり、ニュースを見て、医療問題には関心を持っておく必要があります。

160

第7章●看護学校の小論文・面接攻略法

（4）「面接ノート」をつくろう

　面接が試験にあるなら、よく聞かれる質問に対する答えを、自分なりに事前にまとめておくようにしましょう。

　私は、受験生には「面接ノート」をつくるよう、アドバイスしています。

　まずはノートを1冊用意します。

　そして、ノートの左側に予想される質問を、右側には、それに対する自分なりの答えを、考えながら書いていきます。

　質問は、1ページに2つまでとし、あとで何度も答えを修正できるよう、ノートには余白をたくさんとっておきます。

　自分が考えた質問に対する答えは、試験当日まで何度も読み直して、納得できる答えを探し出しましょう。

〈「面接ノート」のレイアウト〉

左　側　　　　　　　　　　　　　　　右　側

質問　・・・・・・・ 　　　・・・・・・・・・	答え　・・・・・・・ 　　　・・・・・・・・・ 　　　・・・・・・・・・
質問　・・・・・・・	答え　・・・・・・・ 　　　・・・・・・・・・

161

・左側に質問を書き、それに対する答えを右側に対応させて書く。
・質問は、1ページに2つまでとし、余白を多くとっておく。
・自分が考え出した答えは、試験当日まで何度も読み直し、納得できる答えを考え出していく。
・自分が考え出した答え方は、赤ペンでどんどん添削して直していく。

　質問に対する答えは、自分の思っていることを、そのまま自分の言葉で素直に表現すれば十分です。

　難解な表現を用いたり、自分があまり知らない専門用語などを使う必要はありません。

　面接では、心を込めて相手に自分の思いを伝えることが、何よりも大切なことです。

（5）面接の流れ

　多くの看護学校入試で行われている個別面接の流れを紹介します。

　まず控室では、事前に作成し、何度もくり返し答え方を練り直してきた「面接ノート」を読みながら、静かに面接の順番が来るのを待ちましょう。

　自分の名前が呼ばれたら、大きな声で元気よく、「はい」と答え、面接室に向かいます。

　面接室に入る場合は、ドアがあれば、2回ノックしてください。

　部屋の中から、「どうぞ」という声が聞こえたら、「失礼します」

第7章●看護学校の小論文・面接攻略法

と言ってドアを開け、試験官の方を向いて一礼します。

ドアを静かに閉め、用意されているイスのそばまで進みます。

試験官から、「かけてください」と言われたら、「よろしくお願いします」と言ってお辞儀し、やや浅めにイスに腰掛け、背筋をのばします。

手は、軽くひざの上に置いてください。

面接が始まったら、試験官の質問をしっかり聞いて、大きな声で、ハキハキと答えましょう。

質問した人の目を見ながら、簡潔に答えることが大切です。

また、答える際には、必ず、「はい。…………です」というように答えましょう。

もし、試験官の質問が聞き取れなかったら、「もう一度、質問をお願いします」と言えば大丈夫です。

面接が終わったら、立ち上がってイスの横でお辞儀し、「ありがとうございました」とお礼を言います。

私は、それに続いて、「一生懸命がんばりますので、よろしくお願いします」と言うように指導します。

面接は、自己PRの場でもあります。

どうしてもその学校で勉強したいと思うなら、その気持ちを素直に伝えるべきだと思うからです。

ドアの前まで進み、振り返って、試験官を見ながらもう一度お辞儀し、面接室の外に出たら「失礼しました」と言って、ドアを閉めてください。

あとは、人事を尽くして、天命を待つ、です。

集団面接や集団討論だったら、あまり出しゃばりすぎない。ほかの受験生の話もよく聞く。他人の意見や考えを否定しない。そ

の場の雰囲気を壊さない、ということが大切です。

もし自分が言おうとしていたことを、先にほかの人に言われてしまったら、「私も、……だと思います」「私も……です」というように、答えてください。

先に言われてしまったからと言って、それとは違う別の答えを考える必要はありません。

また討論では、自分の意見を何も話さず、ただじっと座っているだけというのでは、マイナス評価になりますので、注意してください。

（6）おすすめの面接対策教材

面接では、自分なりにノートを1冊用意して想定問答集（「面接ノート」）をつくることが大切ですが、答え方を考えていくうえで、参考になる教材があります。

『**看護・医療技術学校受験 パワーアップ面接＆論作文対策**』（実務教育出版）、『**看護医療系の志願理由書・面接**』（文英堂）、『**看護・医療技術・福祉系 短大 専門学校受験専科 小論文〈作文〉・面接のスーパー基礎**』（文英堂）、『**看護医療技術系の入試面接**』（文英堂）、『**公式で解く!! 看護医療福祉系面接**』（エール出版社）などです。

それぞれが受験する学校に合わせて、選ぶといいでしょう。

また高校生なら、進路指導室などに、卒業生らが残していってくれた面接についての資料があるはずです。

それらも調べてみましょう。

看護学校に合格する勉強法

● 第 8 章 ●

プロ講師が答える
看護学校受験相談室

看護学校受験のQ＆A

毎年、たくさんの看護学校受験生と出会い、指導をしていると、いろいろな質問や悩みが寄せられます。

　相談にのっていると、どの受験生も、「本当に合格できるだろうか」という不安と闘いながら勉強していることがわかります。

　合格までの道のりは、悩み、苦しむ日々の連続でもあります。

　ここでは、看護学校を受験するみなさんから寄せられる質問や悩みに対する私なりの回答をまとめていきます。

　勉強していて、不安になった時にぜひ読んで、疑問や悩みを解消する参考にしてください。

Q1. 看護学校合格に必要なことは何ですか。

　まずは、看護師になって人のために働きたいという気持ちを強く持つことです。

　「自分は、どうして看護師になりたいのか」

　「どんな看護師になりたいのか」

　ということを、考え続けてください。

　そして、試験に向けて一生懸命勉強すること。

　最近は、勉強もしないで、看護学校に合格したいという気持ちだけが空回りしている受験生をたくさん見かけます。

　看護学校には合格したいけど、勉強しない。

努力しようとしない。

これでは、合格できるはずがありません。

目標とする看護学校に合格するその日まで、毎日、少しずつ勉強を続けることが何よりも大切です。

Ｑ２．大学、短大、専門学校の違いは何ですか。

大学でも、短大でも、専門学校でも、看護師の受験資格を取得でき、看護師の資格には、大学卒か、短大卒、専門学校卒かということでは、違いは全くありません。

大学は、卒業までに４年かかり、看護に関する知識を学問的に研究し、卒業時には学士の学歴を取得できます。大学によっては、看護師だけでなく、保健師や助産師の受験資格、養護教諭、中学や高校の保健教科の教員資格が得られるところもあり、看護学校教員の養成という役割も担っています。

専門学校は３年制で、病院などでの実習時間が多く設けられていて、早くから医療の現場で学び、まさに即戦力となる看護師が養成されます。短大も３年制ですが、卒業時には、短期大学士の学歴を得ることができます。専門学校と短大の差はあまりありません。

ただし、大学も、短大、専門学校も、学校によって指導内容や取得できる資格、卒業までの年数などが異なる場合がありますので、自分が受験しようと考えている学校について、しっかり調べる必要があります。

Q3. 大学卒、短大卒、専門学校卒で、病院での待遇などに違いはありますか。

　医療の現場では、病院によっては、看護師を「大学卒ナース」「短大、専門学校卒ナース」と区別し、どの看護学校を卒業しているかを重視して、待遇にも差をつけるところがあるようです。

　これは病院によってさまざまで、看護師の資格を取得して就職する際には、就職しようとする病院は、どのような待遇規定を設けているか、確認する必要があるでしょう。

　ここ数年は、短大や専門学校よりも看護系大学に進学して看護師の資格を取得しようとする受験生が増えており、同じ看護師の資格を取得していても、今後は、看護に関してより高度な教育を受けた大卒ナースが、待遇や昇進で優遇されることになるかもしれません。

Q4. 准看護学校でも看護師にはなれるのですか。

　准看護学校で取得できるのは「准看護師」の免許で、看護師ではありません。

　実際に行う仕事は、看護師と違いはないのですが、准看護師は、待遇の面では看護師との間に大きな差があります。

　そのため、准看護師の免許を取得した人の中には、その後、看護師の資格の取得をめざす人もいます。

❉❉　168　❉❉

准看護師の免許を取得している人が看護師の資格を取得するためには、進学コースと呼ばれる看護学校に2～3年通う必要があります。准看護師として10年以上の経験があるなら、通信課程もあります。

待遇面を考えると、准看護師よりも看護師をめざした方がいいと言えるのですが、看護師になるための学校は、合格するのが難しく、まずは比較的容易に合格できる准看護学校に入学して准看護師の免許を取得し、その後、看護師へのキャリアアップをめざす人もいます。

Q5. 准看護師は廃止されるという噂を聞きましたが、本当ですか。

同じ仕事をしているのに、准看護師と看護師との待遇に差があるのはおかしいという理由から、准看護師の制度は廃止して、看護師制度に一本化すべきだという意見があるのは事実です。

しかし、医師会はこれに反対していて、准看護師制度の廃止をめぐる議論は、先送りされたままです。

例えば個人病院を経営している医師の中には、安く雇える准看護師の方を採用したいと考える人も多く、現実問題として、看護師制度への一本化は難しいようです。

議論の動向は注目していかなければなりませんが、もし准看護師が廃止されることになっても、准看護師としての免許が全く使えなくなるということはなく、看護師にキャリアアップできるよ

うな何らかの措置が取られるはずです。

　心配せず、勉強に打ち込んでいきましょう。

Q6. 1日に、何時間勉強すれば合格できますか。

　よく受ける質問ですが、何時間勉強すれば合格できるということは、一概には言えません。

　毎日2〜3時間勉強して合格した人がいる一方で、「毎日、8時間以上勉強していました」と言う人が不合格になった例もたくさんあります。

　合格か不合格かを決めるのは、時間ではありません。

　大切なのは、いかに集中して勉強し、勉強したことが身についたかどうか、ということです。

　勉強を始める前までは解けなかった問題が、勉強が終わったら解けるようになっている。

　昨日よりも今日の方が、教材のページが進んでいて、勉強したことがしっかり頭に叩き込まれている。

　そのために必要な時間は、おそらく人によって違い、1時間か2時間で身につく人もいれば、3〜4時間かかってしまうという人もいるでしょう。

　それぞれのペースで勉強し、勉強しようと決めた1冊の教材に書かれていることを少しずつマスターしていくことが大切です。

　勉強時間よりも、何をどう勉強し、いかに知識を身につけてい

くかということに心を配るべきですが、参考までに、私が開いている講座の受講生たちの平均勉強時間を紹介しておきます。

　高校3年生は、夏休み明けからは毎日3時間は勉強しています。少ない人で2時間、多い人で4時間ぐらいです。

　学校が休みになる土、日曜日には、図書館に通って、6～7時間勉強しています。

　試験直前期になればなるほど1日の勉強時間は増えていき、追い込み期の冬休みには、8時間ぐらい勉強しています。

Q7. 子育てしながら、働きながらでも、合格できますか。

　これまでたくさんの看護学校受験生の相談にのってきましたが、20代後半から30代の方が、子育てしながら、働きながら一生懸命勉強して合格した人はたくさんいます。

　子育てを終えてから、看護学校入試に挑戦する人もいます。

　子育てや仕事と受験勉強を両立させることは大変なことですが、時間を作って毎日少しずつ勉強を続けていけば、合格に必要な知識は身につけることができます。

　子育てしながら、働きながらでも合格できるかという質問に対する答えは、やる気さえあれば、合格はできるということです。

　合格できなかった人のほとんどは、ろくに勉強もしないまま試験日を迎えてしまった人、途中で受験するのをあきらめてしまった人です。

最近では、社会人入試（選抜）を実施する学校も増えてきましたので、看護師になりたいという気持ちが本物ならば、ぜひ挑戦してみてください。

　大切なのは、それぞれの勉強しようという気持ちです。

Q8. 塾や予備校に通わなくても看護学校には合格できますか。

　看護学校入試に合格した人が試験に向けてどのように勉強したかは、人それぞれです。

　高校の授業を受けただけで合格した人。高校で行われた大学受験や看護専門学校受験のための補習を利用して合格した人。書店で参考書や問題集を買ってきて、それを図書館や家で勉強して合格した人。塾や予備校に通って勉強して合格した人。家庭教師を頼んで合格したという人もいます。

　結論から言えば、塾や予備校に通わなくても合格はできます。

　塾や予備校に通えば、それぞれの目標校に合わせて、試験を知り尽くしたプロの先生が、試験に出るポイントを、重点的に、わかりやすく指導してくれ、短期間で合格に必要な知識を身につけることができます。疑問点はすぐに質問でき、講師はそれにていねいに答えてくれます。それが塾や予備校に通うメリットです。

　しかし、たとえ塾や予備校に通っても、そこで学んだことを、家に帰ってしっかり復習しなければ、知識は身についていきません。

第8章●プロ講師が答える看護学校受験相談室　看護学校受験のQ&A

　問題を解き、それを解くために必要な知識を覚え込んでいくのは、受験生自身であり、高校の授業も参考書や問題集も、塾や予備校も、あくまで勉強の手段にすぎないのです。

　どのような手段をとっても、受験生自身が本気で勉強しなければ合格はできません。

　塾や予備校に通わなくても、自分一人でしっかり勉強できるという人なら、それで十分合格できます。

　塾や予備校は、一人で勉強を始めたものの、なかなか勉強が進んでいかない。一人で勉強していてもあまり理解できない。効率よく勉強をしたいというような場合に、利用すればいいでしょう。受験勉強のペースメーカーとして通うのもおすすめです。

Q9. 看護専門学校をめざしていますが、予備校に専門学校受験のための講座がないため、大学受験講座を受講しています。専門学校受験にも役立ちますか。

　大学の看護学科に合格したいと思うならば、大学受験講座を受けることが必要です。

　大学は受験せず、看護専門学校だけを受験するというなら、大学受験のための講座までは受講する必要はありません。

　専門学校の入試で問われるのは、高校の教科書レベルの基本的な知識であり、中学校で勉強した高校受験レベルの知識も出題されます。

専門学校受験のための講座がなく、その代わりとして大学受験講座を受講するというなら、基礎レベル（入門クラス）の講座を利用しましょう。

　大学受験生と比べれば、予備校に通って勉強する専門学校受験生は人数が少なく、専門学校受験のための講座を開いている塾や予備校は、あまりありません。

　そのために、塾や予備校は、大学受験のための講座をすすめて、それで代用させようとします。

　しかしそれは、あくまで大学受験のために用意された講座であり、専門学校入試では必要ない知識まで含まれていて、効率がよくありません。

　みなさんが住んでいるところに専門学校受験のための塾や予備校がないというなら、まずは、書店に並んでいる専門学校受験のための教材を買ってそれを勉強し、必要なら個別指導塾に通って、わからないところを質問し、解説してもらうという方がいいかもしれません。

　大学受験講座でも、専門学校入試に必要になる知識を得ることはできますが、無理にそれを受け続ける必要はありません。

Q 10. 試験倍率が気になって仕方ありません。倍率が高いと合格しにくいですか。

「試験倍率が高かったから落ちた」

　そう言って落ち込んでいる人を見かけることがありますが、た

第8章●プロ講師が答える看護学校受験相談室　看護学校受験のＱ＆Ａ

とえ、倍率が高かったとしても、倍率のせいだけで落ちるということは絶対にありません。

　勉強が足りなかったから落ちたのです。

　試験に出題された問題を解けなかったから落ちたのです。

　不合格の理由を倍率のせいにして、それで自分の心が慰められるのならば、そう思えばいいでしょう。

　しかし、試験倍率は、その試験の難易度を教えてくれるものではありません。

　それは、単に願書を提出した受験申込者数の募集定員に対する倍率にすぎず、願書を提出した人の中には、全く勉強していない人、ほとんど勉強していない人も多く含まれています。

　そうした人たちも倍率には含まれてしまっており、どんなに倍率が高くても、その中で、試験に合格できるレベルの知識を持って受験している人の数は、かなり絞られていき、試験の実質倍率は、グーンと低くなります。

　試験は、合格レベルを超えている人、合格ラインにまもなく到達しようとしている人との競争です。

　だから、倍率など気にする必要がありません。

　私は、倍率は見る必要もないと、受験生にアドバイスします。

　倍率などをチェックし、その数字を見て一喜一憂している暇があるなら、その時間も夢中で勉強していた方が、合格を引き寄せることができます。

　どんなに倍率が高かったとしても、ほかの受験生以上に一生懸命勉強し、試験に合格できるだけの力を身につけていけば、必ず

合格できるのです。

　倍率など気にせず、ひたすら勉強しましょう。

Q 11.　看護系の短大や専門学校の一般入試の合格ラインは、どれくらいですか。

　看護系短大、専門学校の合格ラインは、学校によって、また受験する生徒のレベルや問題の難易度によって、受験する年によっても、大きく違ってきますが、6割から7割というのが一般的です。なかには、4割、5割という学校もあるようです。公立の学校ほど合格ラインは高くなります。

　合否は、学科試験のすべての科目の点数の合計で判定されるところが多く、学校によっては、特定の科目（英語など）に、その点数を超えなければ合格できないことにする基準点を設けているところもあります。

　合格するためには、満点をとる必要はありません。

　まずは、合格ラインを超えるための勉強を心がけてください。

Q 12.　偏差値の高い高校の出身ではありません。それでも看護学校には、合格できますか。

　一般入試では、出身校の偏差値は合否に全く影響ありません。

　入試当日に出題された問題に正しい答えを出せたかどうかが大

切で、合格ラインを超えれば、必ず合格できます。

「出身高校の偏差値が低いから不合格になった」と言って落ち込んでいる人を見かけることがありますが、偏差値が低くて落ちたのではありません。試験当日に、合格ラインを超えられなかったから、落ちたのです。

偏差値の高い進学校出身の受験生でも、合格ラインを超えられず、不合格になってしまったという人は、たくさんいます。

高校の偏差値などを気にしている時間があるなら、その時間も一生懸命勉強し、合格ラインを超えられるだけの知識を身につけてください。

看護学校の合否は、出身高校の偏差値では決まりません。

どんな高校に通っていても、受験生自身が、入試に向けて努力したかどうかで、試験の結果が決まるのです。

Q13. スランプを乗り越えるには、どうしたらいいでしょうか。

どんなに順調に勉強が進んでいたとしても、ある日突然、言いようもない不安な気持ちに襲われ、勉強が進まなくなるということは、だれにでもあり得ることです。

「試験に落ちた時のことを考えると、不安で仕方がない」

「やろうという気持ちはあるが、気持ちだけが空回りして全然進まない」

「勉強しようと思っても、何も手につかない」

そんな相談は、毎年、たくさん寄せられます。

　受験勉強を始めればわかることですが、試験までは、あっという間に時間が過ぎていきます。

　試験までの時間は短いのですが、精神的には、何か心に重しをされているようで、長いように感じる。

　それが受験です。

　「勉強が予定通りに進んでいかない」

　「何度もくり返し勉強しているのだが、いつも同じ間違いばかりしてしまう」

　「どんなに覚えても、すぐに忘れてしまう」

　受験勉強をしている間には、そんなことがよくあります。

　その間にも、試験までの残された時間は、どんどん減っていくのですから、受験生にとって、スランプは、深刻な悩みです。

　スランプに陥ってしまったら、どうしたらいいでしょうか。

　まずは、なぜ自分は看護学校入試に向けて勉強しているのか。どうして看護師をめざすのか、ということを考えてみてください。

　その問いかけに、自分なりの答えを見つけ出すことができたら、自分が今、何をすべきかということが明らかになり、スランプに陥っている暇などないということに気づくはずです。

　どうしても勉強する気になれないという日があったら、その日は、思い切って、１日、好きなことをして過ごしてみましょう。

　映画を見る。

　好きな音楽を聴く。

　どこかへ出かけてみる。

178

第8章●プロ講師が答える看護学校受験相談室　看護学校受験のQ＆A

　自由な時間を過ごして、気分転換できれば、「やらなければ」という気持ちがわいてくるはずです。

　どんなスランプでも、看護学校入試に絶対に合格して、看護師になりたいという気持ちが本物であれば、必ず乗り越えられるはずです。

　すでに看護学校に合格した人たちはみんな、試験への不安と真正面から向き合い、スランプを乗り越えていった人たちなのですから。

Q 14. 試験に合格できない人は、どんな人ですか。

　受験教材を勉強していて、少しでもつまずいてしまうと、「教材の説明がわかりにくい」と言う。

　図書館などで勉強していて、集中できなくなると、「エアコンの設定温度が悪い」「周りの人がうるさい」「イスの座り心地が悪い」と言う。

　塾や予備校に通っている人なら、「テキストがよくない」「先生の教え方が悪い」「職員の態度がムカつく」などと言う。

　入試が終わっても、「問題の質がよくない」「問題用紙がざらざらしていて解きにくい」「今年は傾向が変わってしまった」と不満を漏らす。

　勉強が思うように進んでいかなくなったり、何か自分に不都合なことが起きたり、気に入らないことがあると、ありとあらゆる

ものを批判の対象にして、愚痴や不平不満ばかり言っている人。

そんな人は合格できません。

もちろん、勉強していない人も合格できません。

塾や予備校に通っていても、ただ授業を聞いているだけで、復習しない人。

教材を買っても、それを持っているだけで、全然勉強しない人。

せっかく勉強しても、勉強したことを覚えなければ、勉強していない人と全く同じで、合格はできません。

合格する人は、不平不満を言わず、不都合なことが起きても、他人のせいにしたりはせず、今、勉強できることに感謝しながら、毎日、コツコツ勉強し、努力している人です。

Q 15. 英語の問題を解いている時に意味のわからない単語が出てきます。こういう場合はどうすればいいでしょうか。

どんなに単語や熟語を勉強しても、意味のわからない単語は、必ず出てきます。

単語集でマスターできるのは、あくまで試験によく出る主な単語だけで、試験に出るすべての単語を集めた単語集などありません。

試験に出る単語の意味を、事前に全部知っておくことなどできることではなく、試験では意味のわからない単語は必ず出てきます。

第8章●プロ講師が答える看護学校受験相談室　看護学校受験のＱ＆Ａ

考えてみましょう。

日本語を母国語としている私たちでも、新聞や雑誌、本を読めば、意味のわからない日本語は、毎日、どこかに登場します。

生まれた時から使っている日本語ですら、わからない言葉があるのですから、英語であれば、もっと多くの意味のわからない、見たこともない単語が出てくるのは当たり前のことなのです。

入試当日も、意味のわからない単語は必ず登場します。

では、どうすればいいでしょうか。

受験生の中には、意味がわからない単語が出てくると、それだけで、すぐに、「訳せない」「答えを出せない」とあきらめてしまう人がいますが、英文を読んでいく上で大切なことは、たとえ意味のわからない単語があったとしても、そこで立ち止まってしまうのではなく、そのまま読み進んでいき、自分なりに、「こんな意味ではないか」「こういう意味だったら文章が成り立つ」というように、英文の前後関係（文脈）からわからない単語の意味を類推し、そこにあてはめることができる意味を探し出していくことです。

そうすれば、意味のわからない単語があったとしても、正しい答えにたどりつくことができます。

長文問題も、大意（全体のおおまかな意味）をつかめれば、答えを出せますので、そんなに心配する必要はありません。

❈❈　181　❈❈

Q 16. 高校の勉強と受験勉強は、どう両立させればいいですか。

　大学も短大、専門学校も、看護学校の一般入試（選抜）は、ほとんどの学校で1〜2月に行われます。

　高校3年の夏休みからは、試験に向けて一生懸命勉強することが必要になり、特に、夏休み明けの2学期（後期）は、学校の勉強と看護学校入試に向けた勉強とを、どのように両立させていくか、ということは、受験生にとって大きな悩みになります。

　受験生の中には、看護学校入試の直前には、学校の勉強は捨ててしまう、という人もいますが、両立は可能です。

　まずは、学校の勉強で、予習をしていかなければならないものは、必ず予習するようにしてください。宿題も忘れてはいけません。それ以外の時間は、受験勉強を優先させましょう。

　学校で勉強したことの復習は、定期テストの10日〜1週間前になったら、テストで出題される範囲についてするようにします。

　この間は、受験勉強はお休みしなければなりませんが、例えば、英語や数学、生物などは、テスト範囲が、そのまま看護学校入試の出題範囲と重なる場合もあります。

　そうした場合は、定期テストに向けた勉強をしながら、その範囲について、受験教材の重複する部分を勉強し、定期テスト対策と受験対策とを同時にしてしまいます。

　これが、私がおすすめする一石二鳥の勉強法です。

　学校の勉強は、定期テスト前に集中的に行い、それ以外は、看

護学校入試に向けた受験勉強を優先してするようにしましょう。

Q 17. 私が受験する看護学校では、英語、数学、国語、理科が試験科目になっています。受験勉強をする際には、どのように時間を配分して勉強していったらいいでしょうか。

　例えば、平日は毎日３時間勉強するとします。

　まずは英語を45分、数学を45分勉強し、次に国語と理科を40分勉強し、残りの10分で、その日に勉強した範囲を、簡単におさらいします。

　このほか、漢字練習や英単語の暗記は、細切れの時間を利用して、必ず毎日くり返してください。

　３時間を例に説明しているのは、看護学校受験を決めたならば、最低でも、これぐらいは勉強してほしいという願いを込めているためです。

　受験勉強で大切なことは、すべての試験科目を、毎日、必ず勉強することで、たとえ勉強時間がとれないという日でも、例えば、１ページでも、１問でも勉強するようにしましょう。

　また、教材が何ページ進んだという量は、気にする必要はありません。１問ずつ、確実に解けるようにしていくことが何より大切なことです。

　参考にしてください。

Q 18. 受験勉強のコツがあったら、教えてください。

　苦手な教科から勉強する人がいますが、私は、逆に得意な教科から勉強するようアドバイスしています。

　得意な教科を勉強して、どんどん得点源にし、またその勉強の過程で、受験勉強の仕方を身につけ、それを、苦手な教科にも応用して、苦手教科を克服していくという戦略です。

　勉強の仕方も身についていないのに、苦手な教科から勉強していったら、そのうち、勉強自体がイヤになってしまうでしょう。

　好きなものから勉強する。

　それが受験勉強のコツです。

Q 19. もぎテストは受験した方がいいですか。

　看護系大学を受験するなら、「大学入試模試」を必ず受験しなければなりませんが、短大や専門学校だけを受験する生徒には、もぎテストの受験を、私はあまりおすすめしません。

　短大や専門学校入試は、学校によって問題の傾向が大きく違っていて、もぎテストの問題が、それぞれが受験する学校の入試問題の傾向に合っていない場合が多いというのが、その理由です。

　合否判定も、みなさんが受験する短大や専門学校を受験しようとする生徒が全員受けるわけではなく、判定データの母数が少ないために、あまり信用できません。

どうしても受験したいと思うなら、受験してもいいでしょうが、その場合には、時間配分などを考える機会とし、合否判定は、あまり気にしないようにしましょう。

短大、専門学校をめざす生徒は、もぎテストを受けて時間がとられるなら、その分も勉強した方がいいと思います。

Q 20. 高校を卒業しており、アルバイトをして生活費を稼ぎながら勉強しなければなりません。それでも合格はできますか。

アルバイトをしながら一生懸命勉強して合格している人は、たくさんいます。

私の講座に通っている浪人生たちにも、必ず、アルバイトをして、講座を受けるための費用や自分が生活するのに必要になるおカネは、親に頼らず、自分で稼ぐように指導しています。

そのため、講座は、高校の授業が終わる、また浪人生のアルバイトが終わる夕方から開講するようにし、浪人しながら講座に通う生徒たちは、午前中は、スーパーやコンビニで週に3〜4日、アルバイトをし、午後からは図書館などに通って勉強します。

そして講座がある日は、夕方になると教室にやって来るのです。

そんな毎日をくり返し、アルバイトと受験勉強とを見事に両立させて、毎年、目標とする看護学校に合格していきます。

アルバイトに時間がとられて勉強できないという人は、アルバ

イトに夢中になりすぎているだけで、やる気さえあれば、受験勉強との両立は可能です。

Q 21. 看護学校は、何校受験すればいいでしょうか。

　まずは目標としている第一志望の看護学校を受験します。

　自信があるという人、またその看護学校以外に進学することは考えていないという人なら、浪人を覚悟で第一志望校1校に絞るのも1つの選択です。

　しかし、多くの受験生は、それに加えて、試験日が重ならない、また試験科目が重複している看護学校の中から、2〜3校を選んで受験するというのがふつうです。

　看護学校を受験するには、受験料がかかります。

　また、試験場までの交通費、宿泊ならば、宿泊費も必要になります。

　そうした点も考慮して、それぞれが考えてみましょう。

第8章●プロ講師が答える看護学校受験相談室　看護学校受験のＱ＆Ａ

Q 22. 看護学校を複数受験する場合、過去問は、受験するすべての学校のものを解いた方がいいですか。受験する学校すべての過去問を解いた場合、時間が足りなくなってしまうと思うのですが、どうしたらいいでしょうか。

　受験生の多くは、２〜３校受験します。なかには、５〜６校受験するという人もいます。

　看護学校の入試問題は、それぞれの学校に独特のクセがあり、過去問を解いて、出題傾向を知ることは、とても大切なことです。

　この本の中でも、過去問を解くことの重要性を強調してきましたが、複数の看護学校を受験するという場合、そのすべての過去問を、何年分も解くというのでは、時間が足りず、なかなかできることではありません。

　そのような場合、過去問は第一志望の学校のものを重点的に解くようにしてください。

　それ以外の学校については、どのような形式の問題が出題されるか。また、どの分野からよく出題されているか。問題の傾向を知るために目を通すだけにし、それぞれの学校の入試直前に、最新の１年分だけ解くようにしましょう。

　もし、受験する学校すべての過去問を解くことにしたら、どれも消化不良に陥り、また、勉強の基軸とすべき受験教材の反復もおろそかになってしまいます。

また、専門学校などの場合は、過去問を入手しても、解答を非公表としている、解答はあるが解説がない、という学校も多くあります。

　解答がない、解説がついていないという場合には、傾向を知るだけにし、自力で解くのはやめましょう。自分で解き方や答えを調べようとしたら、時間ばかりかかって非効率です。

　せっかく答えを出しても、その答えがもし間違っていたら、大変なことになります。

　解答がなければ、何が正しいのかもわからないまま、ただ解き続けることになってしまいます。

　それよりも、くわしい解答解説がついている受験教材を反復した方が、点につながります。

Q 23.　入試当日、いきなりわからない問題が出てきたら、パニック状態になりそうです。どうしたらいいでしょうか。

　入試では、どんなに勉強した人でも、解けない問題、わからない問題は出てきます。

　なぜなら、入試問題の中には、受験生のだれも解けない「捨て問」が含まれているからです。

　看護学校入試の合格ラインは、学校によって、また年によっても変わりますが、6〜7割です。4〜5割という学校もあります。満点をとる必要はありません。

188

解けない問題が出てきても、心配はいりません。

合格に必要なことは、だれも解けない難解な問題が解けるようになることではなく、だれもが解ける問題を確実に解いて、点を稼ぐことです。

試験が始まったら、まずは試験問題のすべてに目を通し、できる問題から、1問ずつ解いていくようにしましょう。

問題用紙の順番に解いていったのでは、時間が足りなくなってしまいます。

Q 24. 面接は茶髪でも大丈夫ですか。

面接を茶髪や金髪のまま受けるというのは論外です。

ある年の受講生の中にこんな人がいました。

まもなく面接だというのに、髪を染めたままです。

私は、あえて注意をしませんでした。

茶髪や金髪のまま受験したらどうなるか、ということを、身をもって知ってもらおうと考えたからです。

結果は、不合格。

最近は、少子化の影響で、大学も、短大、専門学校も、生徒集めに苦労している学校があります。

そうした学校では、生徒数を確保するために、茶髪でも、金髪でも、だれでも合格させてしまうところもあるようですが、看護師をめざして勉強しようという意欲は、茶髪・金髪には表現されません。

むしろマイナス評価になるのがふつうです。

　もし茶髪や金髪のまま面接を受けて合格したというのであれば、その学校は、看護師の国家試験合格率が低い学校と考えた方がいいでしょう。

　身なりで、人を判断してはいけないという人もいますが、患者さんからの信頼を得ることが重要になる看護師は、まずはその身なりやしぐさで、判断されます。

　茶髪や金髪で、毎日、高校に通っていても、何も指導されないということ自体が、私は問題だと思いますが、面接に臨むのに、茶髪、金髪というのでは、試験官に対しても無礼なふるまいだと言えるでしょう。

Q25. 試験当日に持っていくべきものは何ですか。

　試験当日には忘れ物をしないように、試験前日の夜までに、持っていくものをしっかり用意しておきましょう。

　試験当日に持っていくべきものは、次のものです。

・受験票
・学校案内や募集要項など、受験する学校からもらった書類
・学生証
・筆記用具（えんぴつやシャーペン、消しゴム、定規など）
・試験会場に向かっている時やテスト開始までに勉強するため

第8章●プロ講師が答える看護学校受験相談室　看護学校受験のQ&A

　の受験教材と間違いノート

・現金

・ハンカチ

・ティッシュペーパー

・身だしなみを整えるためのくしや鏡

・腕時計

・かさ（雨が降っていない時は、万一の場合に備えて折りたた
　みかさ）

・昼食を用意するように指定されている場合は、弁当と飲み物

・親や祖父母、先生、友だちからもらったお守り

持ち物は、忘れ物がないかどうか、何度も確認しましょう。

おわりに

　私には看護師として第一線で働く叔母がいました。

　叔母は、子育てと仕事とを両立させながら、公立病院で激務を
こなしていましたが、ある日、私が、知人の見舞いに訪れると、
その病院の廊下で、その叔母とバッタリすれ違いました。

　両手に、抱えきれないほどの点滴やカルテを抱え、小走りに急
ぐ叔母は、私に気づくと、振り向いて、こう言いました。

「今、一人の患者さんが亡くなったんだ。でもね、私たちは、
できるだけのことをしたから、悔いはないの。今、私たちにでき
ることは、全部やったから。どんなに最善を尽くしてもね、救え
る命とそうでない命があるんだよ。これから、その亡くなった人
の家族にいろいろ説明するので、急ぐから」

　叔母は、すぐに廊下の向こうへと消えていきました。

　その時の、看護師としての誇りに満ち溢れていた叔母の輝く目
を、私は今も忘れられません。

　叔母は、その、ほんの１、２分の間に、私に何を伝えようとし
たのでしょうか。

　もしかしたら、「どんな仕事でも、与えられた職務に、懸命に
打ち込むことが大切だ。結果がどうであれ、ひたむきに、今、自
分にできることのすべてをやればいい」ということを伝えようと
したのではないか。

　私はそう考えています。

東京の大病院から看護師としての人生をスタートさせ、その後、ふるさとの公立病院に移って、子育てをしながら看護師としての職務を全うした叔母は、今は、定年退職して悠々自適の老後を過ごしていますが、この話を、毎年、看護学校合格講座の受講生たちに話して聞かせています。

　この叔母のように、今も全国の医療の現場には、毎日、患者さんのためにひたむきにその職務に邁進する看護師たちがいるはずです。

　そして、そうした看護師たちのおかげで、私たちの健康が支えられているということに、私たちはもっと感謝しなければならないのではないかと思います。

　私が開講している看護学校合格講座からも、これまでたくさんの看護師の卵を送り出してきました。

　今では、地元の病院に行くと、どこに行っても、教え子たちの働く姿を目にするようになりました。

　講座に通っている時には、みんな、「自分に本当に合格できるのでしょうか」「合格できなかったらどうしよう」「なかなか勉強が進まなくて、もうあきらめようか」と思い悩みながら勉強していましたが、看護師となった今では、そんな迷いは全くなく、凛々しく、堂々と、そして笑顔で病院内を駆け回っています。

　「先生、どうしたの。もうそろそろ年なんだから、体には気を

付けなよ。何かあったら、いつでも来なよ。すぐに診てあげるからね」

　そんな言葉もよくかけられます。

　この本に書かれている勉強法は、全国各地の病院で一人前の看護師として活躍している、かつての教え子たちと、看護学校合格に向けて、試行錯誤をくり返してきた結果、導き出されたものです。

　ここに書かれている通りに勉強すれば、必ず目標とする看護学校に合格できる！

　そのことは、これまでの教え子たちが証明してくれています。

　そしてそのノウハウは、これから看護学校をめざして勉強するみなさんにも、必ずお役に立てるものだと確信します。

　ここに書かれていることが、みなさんが看護学校に合格するための一助になることを願いながら、この本を、世に送り出します。

　がんばれ！

　未来の日本を背負う看護師の卵たちよ。

著　者

◎著者略歴

黒　沢　賢　一　（くろさわ　けんいち）

○・・・早稲田大学大学院政治学研究科修了後、大学、専門学校、予備校講師を経て福島県いわき市に地域密着の受験予備校「いわきセミナー」を開校。

○・・・看護学校合格講座のほか、高校合格講座、大学合格講座、公務員合格講座を開講し、これまで多くの受験生の夢をかなえてきたが、東日本大震災により教室が被災し、福島第一原発事故のために指導休止に追い込まれる。

○・・・現在は、いわき市平に教室を移転。看護学校、公務員合格講座をメーンに指導し、毎年、受講生のほとんどが第一志望校、目標試験に合格している。

○・・・主な著書に、『プロ塾講師がそっと教える 中学生の勉強術 直伝！130 スキルプラス 20』『高校入試の合格メソッド』『本物の学力を身につける中学生の勉強法』『ここが出た！また出る！難関高校合格の社会』『ここが出た！また出る！難関高校合格の理科』『一夜漬けで点がとれる５教科よく出る問題集』『行きたい大学に「独学」で合格する！大学受験の王道』『公務員試験に絶対合格する勉強法』（以上、エール出版社）『15 歳、人生はじめての試練に挑む！』『公務員試験 合格の法則』（ブイツーソリューション）『黒沢の中学英語 まるごとギュッ！』（三省堂書店）などがある。

看護系大学・短大・専門学校・准看受験

看護学校に合格する勉強法 改訂４版　＊定価はカバーに表示してあります。

2012 年 1 月 1 日	初版第 1 刷発行
2013 年 1 月 15 日	改訂版第 1 刷発行
2016 年 1 月 20 日	改訂 3 版第 1 刷発行
2021 年 3 月 5 日	改訂 4 版第 1 刷発行

著　者　　黒　沢　賢　一
編集人　　清　水　智　則
発行所　　エール出版社

〒 101-0052　東京都千代田区神田小川町 2-12
信愛ビル 4 F
e-mail　info@yell-books.com
電　話　03(3291)0306
Ｆ Ａ Ｘ　03(3291)0310

© 禁無断転載
ISBN978-4-7539-3498-0

乱丁・落丁本はおとりかえいたします。

現役国立大学教授がそっと教える
ＡＯ・推薦入試
面接・小論文対策の極意

誤った認識で試験の準備をし、本番で実力を発揮できずにいる受験生に、現役試験官が本音のアドバイス

1章　「準備」をすればするほど合格から遠ざかる？！
2章　試験で大学側が本当に知りたいことって何？
3章　あなたは基本的に「良い人」？
4章　実際の面接や小論文の試験において必要な「実力」とは
5章　自己アピール力を身につけよう！
6章　AO・推薦入試を成功させる秘訣　実践編（面接）
7章　AO・推薦入試を成功させる秘訣　実践編（小論文）

ISBN978-4-7539-3386-0

板橋江利也・著　　　　　　　　◎本体 1500 円（税別）

看護学部・医学部・看護就職試験小論文対策を10日間で完成させる本

2年連続日本一輩出・東大慶應医学部合格へ導いた小論文対策専門塾塾長の合格する答案の書き方を伝授する!!

1章　看護・医療関係の小論文の特徴

2章　看護・医療系小論文の書き方

3章　慶應大学医療系過去問題・典型問題と解答例＆解説

4章　各種小論文理論の解説と注意点

5章　看護・医療系小論文の勉強法

6章　2年連続で「日本一」を輩出する塾長が教える高得点の秘訣

7章　心構えと注意点

ISBN978-4-7539-3492-8

牛山恭範・著　　　　　　◎本体1600円（税別）

受験の叡智
受験戦略・勉強法の体系書

共通テスト完全対応版

東大理三合格講師 30 名超、東大理系・文系上位合格層講師多数の圧倒的結果に実証された受験戦略・勉強法

【受験戦略編】
　総則編　戦略なき勉強法は捨て去れ
　合格への3大戦略編　3大戦略総則
　　第1部　ターゲットを絞る
　　第2部　ターゲットへの的確なアプローチ
　　第3部　志望校・併願校と選択科目の戦略的決定
　受験戦略構築編
【勉強計画編】
　　第1部　勉強計画の立て方
　　第2部　勉強計画のサンプルプラン
　　第3部　計画の実践と軌道修正のコツ
　　第4部　当塾講師陣の計画の失敗談とアドバイス
【勉強法編】
　勉強法総論
　勉強法各論（科目別勉強法）
【日々の勉強への取り組み編】
　　第1部　日々の勉強の核の確定
　　第2部　日々の勉強への取り組み方の重要ポイント
【本番戦略編】
【勝利の女神はあなたに微笑む編】

ISBN978-4-7539-3491-1

合格の天使・著　　　　　　　　◎本体 2000 円（税別）

学年ビリから東大・医学部・早慶に合格する法

大好評!!　新課程対応版出来!!!
出来るだけラクをして志望校に合格する方法

- 1章●私達は、もともとは落ちこぼれだった
- 2章●受かってわかった、使えない合格法
- 3章●よくある勉強法の見分け方
  - 天才型の勉強法
  - 秀才型の勉強法
  - 宝くじ型の勉強法
  - 凡人型の勉強法
- 4章●勉強法・合格する人の思考法と具体的な行動編
- 5章●勉強のよくある間違い
  —— 各科目編 ——
- 6章●実践可能な勉強法の具体例
  —— 各科目編 ——

ISBN978-4-7539-3444-7

新宮竹虎・著　横幕弘亘・監修　◎本体1500円（税別）

テーマ別演習
入試数学の掌握

理Ⅲ・京医・阪医を制覇する

東大理Ⅲ・京大医のいずれにも合格するという希有な経歴と説得力を持つ授業で東大・京大・阪大受験生から圧倒的な支持を受ける

- ●テーマ別演習①　総論編
  - Theme1　全称命題の扱い
  - Theme2　存在命題の扱い

A5判・並製・216頁・1500円（税別）

ISBN978-4-7539-3074-6

- ●テーマ別演習②　各論錬磨編
  - Theme3　通過領域の極意
  - Theme4　論証武器の選択
  - Theme5　一意性の示し方

A5判・並製・288頁・1800円（税別）

ISBN978-4-7539-3103-3

- ●テーマ別演習③　各論実戦編
  - Theme6　解析武器の選択
  - Theme7　ものさしの定め方
  - Theme8　誘導の意義を考える

A5判・並製・288頁・1800円（税別）

ISBN978-4-7539-3155-2

近藤至徳・著